JUNON MONETA

L'EUROPE (*)
EN PLEINE
DERIVE

Une vieille histoire (depuis 1930) ...
Une mauvaise gouvernance (depuis 1952) ...
Un traité léonin (depuis 1992) ...
Un premier casse du siècle (en 1999) ...
Une multitude de trahisons (depuis 2004) ...
De vraies solutions pour reconstruire l'Europe et l'Euro ...

(*) Et tout le Système Monétaire International actuel ...

Courriel: junon.moneta@gmail.com

Site: https://www.alter-europa.com/fr/presentation-alter-europa/

Voici la version en Français :

https://www.amazon.fr/LEUROPE-EN-PLEINE-D%C3%89RIVE-%C3%A9liminent/dp/2958013413

Here is the English version:

https://www.amazon.fr/EUROPE-FULL-DRIFT-eliminate-eliminating/dp/2958013464

Hier ist die deutsche Version:

https://www.amazon.fr/EUROPA-TOTALER-DRIFT-eliminierrn-eliminieren-ebook/dp/B0CTHLDDNH

Ecco la versione italiana :

https://www.amazon.it/dp/2958013480

Aquí está la versión en Español :

https://www.amazon.com/dp/2958013499?ref_=pe_93986420_774957520&language=en_US

Versions en préparation: Portugais, Néerlandais, Grec, …

« *L'EUROPE EN PLEINE DERIVE* ».

Après avoir écrit cinq livres depuis 2003, essentiellement pour organiser et pour marquer mes étapes de recherche, **je ne comprenais pas comment l'Union Européenne avait pu valider les « Trois Casses du Siècle ».**

Mieux, les tours de passe-passe ont pu être réalisés dans le silence médiatique le plus total et avec une passivité incompréhensible de tous les partis politiques, même les plus extrêmes, qu'ils soient de gauche ou de droite.

Ce sixième livre fait suite à ce constat « déconcertant » :

- Comment tout cela a-t'il été possible ?
- Quelles ont été les failles dans notre système de gouvernance ?
- Comment peut-on sortir de cette impasse ?

Nota bene : la Partie III : « Gestion Désastreuse de l'Euro » reprend une synthèse de ces découvertes sur « Les Trois Casses du Siècle ».

Conséquences de ces failles au sein même de « notre Europe » ?

« Le grand public » refuse ouvertement de participer aux élections européennes ([1]), ce qui va créer des tensions suicidaires car ce sont les partis d'extrême-droite qui s'imposent un peu partout au sein de l'UE-27.

Parmi eux, les partis les plus virulents se développent essentiellement dans les pays nordiques.

En clair, l'Euro et l'Europe sont en très grand danger.

« Les idées fortes sont toujours libres.

Elles finiront par changer l'Europe.
Et (pourquoi pas ?) le Monde... »
(JUNON Moneta)

---

[1] Taux de participation par pays en 2024 : 50,93% (moyenne UE) avec des écarts allant de 89,1% (Belgique, vote obligatoire) à 21,35% (Croatie). Ces écarts permettent aux pays les plus « libéraux » d'imposer le dogmatisme de leurs dirigeants politiques à toute l'Union Européenne.

PLAN DETAILLE.

PREAMBULE.

Il faut éliminer tous ceux qui nous éliminent.

Nous allons le voir pas à pas, la concentration des pouvoirs et de l'argent conduit toujours à une mauvaise répartition des moyens, et donc à l'élimination de toutes les alternatives politiques, économiques, monétaires, financières et sociales qui ne conviennent pas aux (vrais) gouvernants.

« Nous dépensons désormais un pognon de dingue » (dixit E. Macron le 12 juin 2018, critiquant les programmes sociaux) **pour maintenir en vie la Haute Finance** et pour enrichir encore plus les multinationales.

En fait, dans tous les pays, tous les gouvernants veulent réduire les droits sociaux des Européens en situation de précarité.

Mieux, ces grands prédateurs ne cessent de faire des calculs malsains pour nous éliminer les uns après les autres.

Et donc, nous sommes tous destinés à faire partie des gêneurs et à rejoindre un jour ou l'autre le monde des « sans droits ».

A l'opposé, les (vrais) gouvernants s'octroient de plus en plus de pouvoirs pour s'extraire de « la masse » et prendre les décisions les plus importantes dans tous les domaines sans consulter nos parlementaires.

Nous l'avons même vécu en direct, quand un projet de traité européen (Traité Constitutionnel Européen en 2004) est fragilisé par le vote des populations de deux pays, ils en imposent un autre en changeant simplement le nom (Traité de Lisbonne).

« Le désendettement est une urgence nationale ».

C'est le message adressé aux Français le 12 juillet 2023 par le ministre délégué, Gabriel ATTAL, chargé des comptes publics qui, comme tous les autres, n'a pas hésité à endosser le costume du néo-libéralisme et à pratiquer la langue de bois pour « gérer la France ».

Bien sûr, il a été interviewé par *Le Figaro,* un journal appartenant à la famille Dassault qui biberonne aux aides publiques et aux commandes publiques de la France depuis près d'un siècle.

Il y a des milliers d'exemples de ce genre en Europe.

Rappelons en effet que les entreprises allemandes les plus en pointe sont sorties indemnes de leur collaboration sans état d'âme avec Hitler.

Elles font désormais partie des entreprises les plus puissantes en Europe.

Pour eux tous, l'Etat est le Père Noël tous les jours.

Ils s'arrangent tous pour éviter de payer des impôts et taxes aux Etats-Membres.

Par contre, ils n'hésitent pas à se servir de la présidente de la Commission Européenne et des Chefs d'Etat comme de vulgaires représentants de commerce pour signer de gros contrats avec les pires dictateurs.

Ils signent, tous, des « traités commerciaux » qui tuent la Planète et les petits producteurs régionaux, sans état d'âme.

Ils suivent, tous, les avis des « personnes compétentes ».

Nous pourrions dépenser tout cet argent autrement.

Ce sont des sommes gargantuesques que nous pourrions allouer autrement pour mieux éduquer nos enfants, recréer des écoles, moderniser nos méthodes d'enseignement, replanifier nos implantations de maternités et d'hôpitaux, ouvrir au plus grand nombre nos lycées techniques, revoir nos formations continues, réformer les programmes de nos grandes écoles et de nos grandes universités.

En clair, à tous les stades de l'éducation et des formations, nous devrons évaluer les candidats sur leur **sens moral** et sur leur **sens des autres** plutôt que de les encourager à cette **guerre contre tous** et à cette **course à l'isolement** de nos élites.

Nous pourrions payer à leur juste valeur tous nos personnels des (vrais) services publics pour créer de nouvelles infrastructures, pour embellir et soulager nos villes, pour renforcer nos villages et financer des associations utiles, ….

Concrètement, nous ferions table rase de ce passé « libéral » et de ce présent « néo-libéral » qui détruisent nos libertés.

Nous devons même traiter tous ces problèmes en toute urgence.

Nous sommes désormais sur l'autoroute des disparitions.

Autrement dit, notre propre Civilisation Humaniste est en grand danger.

C'est donc toute la « gouvernance » de l'Union Européenne que nous allons remettre en cause.

Nous allons même appuyer là où cela fait mal.

Nous allons fouiller dans le passé, le présent et le futur déjà programmé de ces « grandes institutions » européennes qui nous « administrent » sans nous gouverner, sans nous diriger…

Sinon vers le Néant.

Accrochez-vous, ça fait faire très mal !

PARTIE I : BASES JURIDIQUES DE L'EUROPE.

« Le poisson pourrit toujours par la tête » (Mao Zedong).

Depuis la nuit des temps, les puissants ont toujours créé des systèmes de gouvernance pour les servir, et donc pour asservir les populations.

Nous n'y échappons pas.

Pour bien fonctionner, une (vraie) démocratie repose officiellement sur trois piliers indépendants : le pouvoir législatif, le pouvoir exécutif et le pouvoir judiciaire.

Démocratie : trois Pouvoirs Distincts ?

Cette organisation en trois pouvoirs est une illusion, nous allons le prouver.

Nous allons voir que l'Union Européenne fonctionne de façon totalement anormale, ce qui n'est pratiquement jamais dénoncé.

Nous allons relancer ce débat sur « les traités fondateurs » qui ont institutionnalisé une « mauvaise gouvernance », et nous serons même les seuls à chiffrer les conséquences tragiques de ce système concentrationnaire.

A. Les Premiers Traités Européens.

a) Traité de Paris (CECA, 1951).

Le premier traité supranational européen institua la Communauté Européenne du Charbon et de l'Acier (CECA).

Il fut signé en 1951 (avec effet en 1952) par les six pays fondateurs de la future Communauté Economique Européenne (CEE), elle-même créée en 1957. Il avait été signé pour cinquante ans, et il a donc disparu des radars en 2002.

Les premières belles promesses du « marché unique » …

Grâce à un marché unique du charbon et de l'acier, la mission de la CECA, ou plutôt de sa « Haute Autorité » (il faut s'incliner), fut définie dans son article-2 :

> *« Contribuer à l'expansion de l'économie, au développement de l'emploi et à l'amélioration du niveau de vie moyen des citoyens ».*

Des sommes gigantesques ont été attribuées aux banques et aux industriels pour moderniser les charbonnages, améliorer les productions, réduire les coûts, abolir les droits de douane, améliorer les conditions des mineurs, leur permettre d'acquérir des maisons insalubres dans les corons et de les moderniser, …

Cette stratégie était vouée à l'échec à cause du développement exponentiel du secteur pétrolier et gazier aux Etats-Unis bien avant 1939.

Nos hauts fonctionnaires, grassement payés pour « assurer » notre bel avenir énergétique, n'ont pas senti la moindre secousse occasionnée par cet immense séisme pourtant visible depuis la naissance de l'automobile, soit plus de cinquante ans avant la signature de ce traité.

Ils ont donc élaboré un immense chantier économique et financier en Europe alors que les Américains mettaient au Pouvoir de pauvres Bédouins en Arabie-Saoudite pour dominer le monde.

Ils les ont bien enrichis depuis lors.

En parallèle, ils nous ont rendus de plus en plus dépendants de toutes les énergies fossiles et des dictateurs qui les contrôlent.

Depuis la première crise pétrolière en 1973, nos grands stratèges ont subi ces tendances sans jamais tenter de les inverser.

Politique CECA : un échec européen majeur à tous les niveaux.

En 2021, la production mondiale de charbon en Europe est devenue anecdotique (moins de 2% des productions mondiales) mais aucune stratégie n'a été mise en place pour le remplacer.

L'Union Européenne est donc ultra-dépendante des pays-tiers dans le domaine des énergies : en moyenne, elle importait 55,5% de ses besoins avec des écarts allant de 1,4% pour l'Estonie à 97% pour Malte.

Petite précision : l'Estonie produit du charbon et exploite des schistes bitumeux, ce qui n'est pas forcément une performance à applaudir.

Les plus gros importateurs en volume en 2021 étaient l'Allemagne (63,5% de ses consommations), l'Italie (73,5%) et l'Espagne (69,1%) alors que la France importait « seulement » 44,2% de ses besoins.

Pour mémoire, la France avait fait le choix du « tout nucléaire » dans les années 1970 et, même avec des problèmes d'intendance de plus en plus graves, elle produisait plus de 360 térawatts heure (TWh) ou 360 milliards de kWh en 2022.

Cela correspond à la consommation moyenne de 160 millions de Français (la population réelle était de 65 millions).

En comparaison, c'est neuf fois plus qu'au Royaume-Uni malgré des populations quasiment identiques dans les deux pays.

Cette moyenne par ménage inclut bien sûr les utilisations des services publics ainsi que celles des secteurs industriels et tertiaires de l'économie française.

Par contre, la France consomme « en plus » d'autres énergies (pétrole, charbon, gaz, bois, énergies renouvelables) qui ne sont pas comptabilisées dans cette moyenne.

Les achats extérieurs d'énergies de la France ont occasionné un déficit commercial de -115 Md€ en 2022.

De son côté, le déficit commercial de l'Union Européenne (27) était chiffré à -650 milliards euros (Md€), ou 4,1% de son PIB 2022 (15.810 Md€).

Sur le plan social, les échecs sont encore plus cuisants.

D'une part, les entreprises du charbonnage et les banques ont fait rêver des familles laborieuses en leur revendant leurs patrimoines fonciers et immobiliers dans des régions qui aujourd'hui encore sont traumatisées par des friches industrielles d'une laideur repoussante.

D'autre part, la CECA a organisé tout un système de reclassement des chômeurs, en augmentation constante dans les secteurs concernés (charbonnages et aciéries), qui ont appauvri les populations, et permis aux « faiseurs d'anges » de se bâtir des richesses personnelles indécentes.

Les programmes de reconversion attendront !

Sur les marchés mondiaux de l'acier, les productions d'aciers ont été multipliées par huit mais l'Union Européenne est désormais en bas de tous les tableaux : production d'acier brut (± 8% des productions mondiales), un déficit commercial croissant, un avenir sombre pour le recyclage des métaux (matière première indispensable) et une fabrication d'aciers spéciaux en mauvaise posture malgré un secteur « recherches » très inventif.

Notre dépendance croissante vis-à-vis de l'Asie et de la Turquie est stratégiquement dangereuse depuis la guerre russe contre l'Ukraine.

Pour les écologistes, toutes ces informations sont du pain béni…

Ils oublient que, même si ces activités restent très polluantes, il y a une nécessité absolue de « garder le contact » avec ces secteurs.

En effet, des progrès techniques peuvent être, et doivent être accomplis pour la bonne cause : la protection de notre environnement…

Or, le fait de délocaliser des productions, et de renoncer à jouer un rôle majeur dans ces secteurs du charbon et de l'acier, peut justement aggraver les problèmes environnementaux et humains à l'échelle mondiale.

Il suffit de voir l'état dans lequel se trouvent certaines régions en Russie, en Chine et en Asie pour s'en convaincre.

b) Traité de Rome (Euratom 1958).

Le traité de la Communauté Européenne de l'Energie Atomique (1957) a été signé en même temps que celui de la CEE et, comme lui, il est entré en vigueur le 1° janvier 1958.

La CECA, l'Euratom et la CEE ont été fusionnés en 1967 et sont désormais sous l'autorité de l'Union Européenne.

Sous la pression des crises pétrolières et du blocage du canal de Suez, les hauts fonctionnaires ont créé cette entité destinée à :

> *« Renforcer la recherche, faciliter les investissements et assurer de larges débouchés à l'industrie nucléaire ».*

Les risques sont devenus de plus en plus nombreux.

Bien sûr, ils ont mis sous le tapis les problèmes liés au traitement des déchets radioactifs et nous pouvons constater en 2023 l'absence de véritables solutions dans ce domaine.

Dès 1959, la liste des accidents s'est allongée avec des dommages limités sur zones à Santa Suzanna (1959, USA), Lucens (1969, Suisse), Saint-Laurent-des-Eaux (1969, France) et à Monticello (1971, USA).

Des risques de plus en plus difficiles à gérer.

Mieux, les risques sont devenus de plus en plus graves à Maiak (URSS, 1957), Windscale (R.U, 1957), Three Mile Island (1979, USA), La Hague (France, 1981), Tchernobyl (1986, URSS, Ukraine), Sellafield (RU, 2005) et Fukushima (2011, Japon).

Cette « communauté » a très vite montré ses limites.

Il n'y a jamais eu de réalisations communes à part celles-ci :

> *« La construction de quatre centres de recherche en Allemagne (Karlsruhe), en Belgique (Geel), aux Pays-Bas (Petten) et en Italie (Ispra) ;*
>
> *La construction de cinq centrales nucléaires en France (Chooz, près de la frontière belge), en Allemagne (Juliers, près de Düsseldorf) et en Italie (Garigliano, Latina et Trino) ;*
>
> *Le financement de programmes tels que l'organisation coréenne de développement énergétique».*

Sur 447 centrales nucléaires dans le monde en 2022, l'Union Européenne en exploitait une centaine.

La puissance totale des réacteurs installés dans le monde était d'environ 400 gigawatts (400 milliards de watts ou 400 millions de kilowatts).

Les deux tiers de cette puissance installée concernaient les Etats-Unis (97 GW), la France (61 GW), la Chine (50 GW), le Japon (32 GW) et la Russie (29 GW).

Les productions annuelles ont été de 2.653 TWH en 2023 dans le monde : USA (772), Chine (383), France (363), Russie (208), Corée du Sud (150) et autres (777).

Au total, l'UE-27 a produit 510 TWH en 2023 ou 510 milliards de KWH.

Depuis 2011, l'Allemagne a décidé : « Atom Nein Danke ».

Ses trois derniers réacteurs ont été fermés, mais le démantèlement de ses 25 centrales continue d'exploser en termes de coût et de durée.

Par contre, les gouvernements allemands exigent la fourniture des kilowatts français d'origine nucléaire, à des prix d'amis, pendant que les Français subissent des hausses de leurs factures pour renflouer EDF : en quatre ans (de janvier 2020 à janvier 2024), les prix du KWH ont doublé.

En effet, EDF applique le tarif réglementé (très élevé) et perd ses clients particuliers parce que ceux-ci se fournissent chez des intermédiaires anglais ou autres à des prix inférieurs de 5% à 10%, pour finalement obtenir de l'électricité nucléaire française (la moins chère).

C'est aussi cela l'Europe des oligopoles.

Cette stratégie européenne de raréfaction de l'offre intérieure, par le biais des marchés d'exportation, s'applique aussi aux produits agricoles : les prix nationaux explosent, ce qui favorise les importations sauvages en provenance des pays esclavagistes.

C'est excellent pour les profits des oligopoles.

Merci à Reporterre pour les informations suivantes.

> *« Pour la centrale de Greifswald, il faudra quarante ans alors qu'elle n'a fonctionné que vingt-trois ans.*
>
> *Au total, il faudra cinquante ans pour tout démanteler, entre douze milliards et vingt-cinq milliards d'euros, trouver des zones de stockage des déchets en grande profondeur pour plus de 300.000 m3, la plupart dans la mine de fer désaffectée de Konrad, Basse Saxe.*
>
> *Par contre, pour les déchets à très forte radioactivité, les mines de sel prévues ne conviennent pas, et il n'y aura toujours aucune solution avant 2030 ».*

« Les scientifiques du CCR » de la Commission ont décidé.

Malgré tous ces incidents, risques majeurs, coûts et durée des démantèlement, les « scientifiques » (lobbyistes) ont classé le nucléaire (et le gaz) parmi les « énergies vertes » le 6 juillet 2022.

Le Parlement Européen a validé le Rapport du **Centre Commun de Recherche** (CCR), désigné comme *« le laboratoire de recherche scientifique et technique de l'Union européenne »* (lobbies), qui concluait en 2021.

> *« Il n'existe aucune preuve scientifique que l'*énergie *nucléaire nuit davantage à la santé humaine ou à l'environnement que d'autres technologies de production d'électricité déjà incluses dans la taxonomie de l'UE en tant qu'activités soutenant l'atténuation du changement climatique* ».

« Les impacts de l'énergie nucléaire sont pour la plupart comparables à ceux de l'hydro-électricité et des énergies renouvelables, en ce qui concerne les effets non radiologiques », précisait encore ce rapport.

L'argument massue ?

« Le nucléaire émet extrêmement peu d'équivalent CO_2 par kilowattheure (gCO_2e/kWh) produit.

En France, bien moins que le solaire ou l'éolien, par exemple. »

C'est clair pour tout le monde : l'industrie nucléaire a bien payé ses « experts scientifiques » pour classer le nucléaire dans « les énergies vertes » …

Certes, cette industrie émet très peu de CO2 au niveau de la production électrique des centrales mais elle nous gratifie de déchets radioactifs polluants, dangereux et d'une durée de vie pouvant dépasser celle de plusieurs générations.

C'est aussi cela l'Europe des puissants.

Tous les problèmes de traitement et d'enfouissement des déchets nucléaires ont été « enterrés » pour plusieurs générations et même pour plus d'un millénaire.

Par contre, toutes les solutions d'enfouissement (dans des carrières de sel et autres) se révèlent inopérables et même incontrôlables dans la durée.

B. La Communauté Economique Européenne (1957).

La CEE a été fondée par les membres de la CECA (Allemagne, France, Italie et Benelux) avec le Traité de Rome (1957) entré en vigueur le 1° janvier 1958.

Depuis 1952, la CECA était une « institution supranationale indépendante » qui pouvait prélever des impôts sur les secteurs du charbon et de l'acier.

Cette *« compétence »* lui permettait d'échapper au contrôle direct des États membres.

C'était une excellente idée pour les lobbies et les hauts fonctionnaires au point qu'elle a toujours été reprise plus tard pour "faire toujours mieux", et donc pour exercer "toujours plus de pouvoir en toute indépendance".

a) Sur les Recettes Communautaires.

L'Union Européenne est victime de ses dogmes.

Cette stratégie de financement de la CECA par des prélèvements directs n'ayant pas été validée pour le fonctionnement de l'Euratom (CEEA), l'Union Européenne est aujourd'hui victime de ses dogmes en matière de financement de ses budgets de fonctionnement.

En effet, c'est l'Union Européenne qui encaisse les droits de douane dans les pays d'entrée, et donc finance de l'ordre de 16% de ses besoins de cette façon-là.

Or, elle n'arrête pas de négocier la suppression des droits de douane avec ses « partenaires » non européens.

Elle s'enferme elle-même dans une impasse budgétaire structurelle.

Les autres ressources sont la TVA statique (part de la TVA communautaire pour environ 12%) et la participation des Etats-Membres en fonction de leurs Revenus Nationaux Bruts pour 72%.

Ce système des recettes est stable, théoriquement valable pour sept ans (2015-2021, et 2021-2027), mais il est en fait renégocié chaque année.

Or, la Commission veut être de plus en plus libre.

A titre d'exemple, elle veut obtenir un plan quinquennal pour 2028, et elle voudrait obtenir une plus grande liberté pour changer les répartitions de dépenses initialement prévues par programmes.

La liberté en s'endettant ?

Nec plus ultra, la Commission veut gagner plus d'indépendance et de moyens financiers en s'endettant.

Elle a franchi cette étape vers la liberté en obtenant le feu vert des Etats-Membres pour un « endettement européen » avec le ***Plan de Relance Next Generation EU*** de 750 milliards euros.

Ce programme va effectivement reposer sur le dos des prochaines générations en permettant aux « gouvernements bénéficiaires » de soutenir (essentiellement) leurs multinationales.

L'Union Européenne a donc emprunté aux banques, avec la garantie des Etats, pour prêter aux Etats-Membres qui ont de suite prêté ou fait des cadeaux princiers à « leurs » multinationales « nationales ».

Relisez bien : il faut avoir l'esprit tordu pour imaginer tous les arcanes de ce système.

C'est toujours comme cela au sein de l'UE.

Tous ces montages sont toujours ubuesques.

Mais ces « stratégies » ne sont pas ubuesques pour tout le monde : elles profitent d'abord aux banques (qui encaissent des intérêts sans risques) et aux multinationales (qui n'avaient pas besoin de ces aides et de ces prêts).

Ressources de l'UE : il faut quand même « nourrir la bête ».

Pour terminer sur les ressources de l'Union Européenne, les Etats sont priés de nourrir « la bête » en participant financièrement au Budget de l'Union Européenne.

Par contre, depuis plus de soixante-dix ans, chaque pays tente de tirer le tapis sous les pieds des « pays amis » pour y participer de moins en moins.

Les plus gros gagnants ont été l'Autriche, les Pays-Bas et la Suède après des marchandages multiples et « avariés ».

C'est ainsi que, lors du BREXIT, les recettes en provenance du Royaume-Uni venant à manquer, la France et l'Allemagne ont comblé « le trou anglais » de vingt milliards d'euros : en réalité le trou net (recettes obtenues – subventions accordées) était de dix milliards.

« Nos partenaires très sympathiques » ont fait valoir que les Français avaient « bien négocié » les clauses de la Politique Agricole Commune et de la Pèche.

Les Allemands, gros exportateurs vers le Royaume-Uni, « pouvaient » également se sacrifier.

Les arguments des uns et des autres restent discutables car, in fine, les Nordiques veulent bien profiter de tous les avantages mais rarement des inconvénients d'une Union Européenne aussi pesante.

C'est notamment le cas pour « lutter contre l'immigration ».

Ils veulent bien mettre un terme à une politique migratoire envahissante venue d'Afrique mais ils laissent à l'Italie et à la Grèce le soin d'en supporter le poids.

Par contre, ils ont encouragé l'immigration de populations venant de l'Est et de la Turquie pour fournir une main d'œuvre bon marché à leurs entreprises de transformation.

L'Europe du Nord est de nouveau confrontée à ses pires démons.

La plupart de ces pays sont aujourd'hui à la merci de leurs partis extrémistes et même de leurs revendications fascistes.

Dans une Europe qui les néglige, les pays du Sud n'échappent pas à cet attrait pour les partis extrémistes mais ils ont quand même relégué dans leurs musées privés les drapeaux fascistes et le culte de leurs dictateurs d'opérette, soutenus par leurs milices sanguinaires.

b) Sur les Dépenses Communautaires.

Depuis les premiers accords financiers pluriannuels (1988-1994), rebaptisés « Cadres Financiers Pluriannuels » (CFP) par le Traité de Lisbonne en 2009, l'Agriculture et la Pêche ont régulièrement perdu de l'importance au sein des budgets (de 54% pour 1988-1992 à 20% pour 2021-2027).

Secret-défense sur les bénéficiaires de ces aides !

Les fichiers existent mais ils ne sont pas téléchargeables alors que l'Union Européenne n'arrête pas de se dire « transparente ».

Le *Mannheim Centre for European Economic* a calculé l'incidence des critères adoptés pour l'accord des subventions aux propriétaires des terres mises en culture :

> *« Les grandes exploitations en particulier bénéficient des paiements à la surface, tandis que les petits exploitants ne sont pas suffisamment soutenus.*
>
> *En conséquence, les 80% des exploitations aux revenus les plus faibles ne recevraient que 25% des paiements directs, tandis que les 10% aux revenus les plus élevés recevraient 55% des primes ».*

Cette agence de défense gouvernementale ajoute que plus de la moitié des agriculteurs obtenant des subventions réalisent leurs productions sur des terres louées, ce dont profitent les propriétaires qui exigent un loyer plus élevé.

Le 30 juin 2005, le *Courrier International* avait repris un article de *The Independent* après une enquête au Royaume-Uni sur leurs grands bénéficiaires en 2004.

La reine Elisabeth II (817.000 €), le duc de Westminster (670.800€) et le Prince Charles (337.285€) figuraient en tête des bénéficiaires qui par ailleurs faisaient majoritairement partie de la noblesse anglaise.

Le 8 novembre 2005, l'Obs a repris une étude de l'OXFAM sur les subventions accordées à la France :

> *« 70% des petits agriculteurs ont reçu 17% des subventions totales versées à la France, alors que 60% de ces subventions sont allées aux 15% d'entreprises agricoles françaises les plus prospères.*
>
> *Ces accusations visent en particulier le prince Albert Monaco, dont la fortune personnelle est estimée à 2 milliards d'euros, puisque Oxfam précise qu'il a reçu 287.308 euros de subventions agricoles de l'UE en 2004 ».*

Pour illustrer ses accusations, Oxfam affirme encore, sans donner de nom, que les deux plus grands bénéficiaires français de la politique agricole commune se sont partagé 1,7 million d'euros.

Outre les céréaliers, les plus gros bénéficiaires de ces subventions sont désormais les grands producteurs de sucre (betterave, canne), les transformateurs de produits laitiers (beurre, yaourts, fromage), les grands exploitants vinicoles, les semenciers, …

La PAC (Politique Agricole Commune) a par ailleurs encouragé l'agriculture intensive conduisant à la monoculture, à l'utilisation des pesticides et à la production de gaz à effet de serre.

Cette politique a également conduit à la réduction des habitats naturels pour la faune, à la concentration de phosphore dans l'eau et l'air, à l'utilisation des oxydes nitreux (composants du gaz hilarant) dans les serres, à la concentration de méthane dans les régions de gros élevage.

Parmi les autres postes de dépenses…

La Cohésion Territoriale, ou « développement régional » absorbait 20% du budget 1988-1992 : pour comparaison, relevons simplement que les administrations de l'UE coûtaient 9% à cette époque.

Avant d'accepter la ratification de l'Acte Unique en 1987, instituant « le marché unique », les Espagnols, les Portugais et les Grecs avaient négocié l'octroi de subventions pour préparer leurs régions les moins favorisées au choc de cette disposition.

Ils ont négocié avec astuce ce que les Italiens avaient obtenu pour leur Mezzogiorno (Naples, Sicile et Sardaigne) : ce fut un échec total pour l'industrialisation du Sud de l'Italie, comme pour toute l'Europe Méridionale.

c) Sur les Echecs Permanents de la CEE.

En clair, la CEE a vécu de 1957 à 1992 en connaissant, comme la CECA, des échecs retentissants :

- Une politique agricole productiviste, dévastatrice pour l'environnement ;
- Un enrichissement des gros propriétaires terriens et des gros exploitants ;
- L'appauvrissement et la disparition des petits exploitants ;
- La mainmise de l'industrie chimique sur tout le secteur agricole et viticole avec ses pesticides qui ont envahi la sphère des phytosanitaires ou phytopharmaceutiques dans une large action biocide (on tue tout) ;
- La disparition de la diversité dans les variétés de fruits, légumes et céréales profitant aux semenciers ;
- La mise en danger de la santé des Européens.

  Selon l'Institut de Veille Sanitaire (InVS), le sang d'un Français moyen contenait en 2006-2007 presque toujours des pesticides organophosphorés.

  Par contre, les concentrations de certains pesticides, (pyréthrinoïdes, paradichlorobenzènes) étaient trois fois plus importantes que chez les Américains et les Allemands.

  Dans l'ensemble, les études sanitaires relèvent la présence de vingt-sept métaux lourds et de pesticides organochlorés dans le sang de la plupart des Européens, pour toutes les classes d'âge de 6 à 74 ans : plomb en baisse.

Par contre, hausse du cuivre, du cadmium, du chrome, de l'arsenic et autres dans le sang, les urines et les cheveux…

- L'industrie chimique a même été autorisée à mettre en place *« les polluants éternels »* (7.000.000 de produits « PFAS ») qui sont aujourd'hui présents dans nos aliments, nos ustensiles de cuisson, les emballages, les vêtements, …
- Une cohésion territoriale ratée, …

Les friches agricoles (culture, élevage) s'ajoutent désormais aux friches industrielles.

Nous tuons tout au nom de la productivité…

Nous tuons tout, rapidement ou à petit feu, au nom de la productivité.

Depuis 1958, la liste des *« organismes indésirables »* (le vivant sous toutes ses formes) et celle des additifs alimentaires *« autorisés »* (la liste de leurs E*** « indispensables ») n'ont cessé d'augmenter.

Par contre, nous découvrons que les producteurs de lavande et de lavandin vendent désormais des *« produits dangereux pour la santé ».*

Nos agriculteurs et nos viticulteurs n'ont plus le choix : ils ne peuvent plus sélectionner leurs graines, ni produire autrement que des fruits et des légumes normalisés par des fonctionnaires aux ordres de « la grande industrie » et de « la grande distribution ».

La CEE a « tout normalisé » de façon outrancière.

Elle a même imposé le règlement N°1677/88 du 15 juin 1988 pour « fixer » les **normes de qualité** minimales **pour les concombres**.

> *« Les concombres doivent être bien formés et pratiquement droits avec une hauteur maximale de l'arc : 10 millimètres pour 10 centimètres de longueur du concombre ».*

La CEE a finalement « libéré le concombre ».

Sous la pression des opposants qui ont ridiculisé les fonctionnaires européens en parlant de *« la courbure des concombres »*, la CEE a finalement abandonné ce règlement.

Même les producteurs les mieux informés et les plus scrupuleux subissent l'épandage involontaire des graines (traitées au Roundup ou autres produits systémiques) et des pesticides dangereux sur leurs exploitations parce que la CEE a autorisé et même encouragé leurs voisins à les utiliser massivement.

La Communauté Economique Européenne a réussi cet exploit d'obtenir un **consensus liberticide** entre toutes les filières : chimie, gros agriculteurs, arboriculteurs, maraîchers, viticulteurs, grandes surfaces.

C. Traité de Maastricht (1992).

Ce traité a institué la Communauté Européenne.

En fait, c'est la démence qui s'est imposée avec ce traité mais, cette fois, ce ne sont plus seulement les aides et les subventions (pour les puissants) qui ont ruiné nos démocraties…

C'est bien pire que cela !

Ce sont nos démocraties et nos nations qui sont en train de disparaître.

a) Quelles Analyses Logométriques de ce Traité ?

Sans utiliser des méthodes très évoluées pour analyser la linguistique des textes, nous pouvons déjà établir quelques statistiques intéressantes sur le contenu de ce traité en comptant la récurrence de certains mots, ce que les spécialistes désignent par « logométrie ».

D'emblée, pour un tel document, le nombre de mots est assez court (60.640 mots) et 114 pages.

Par contre, il comporte tout un historique qui le réduit à 9.310 mots utiles et moins de 40 pages pour les raisons suivantes : de nombreuses répétitions du style :

« Cet article remplace tel autre » ; « Cet article est abrogé » ; …

Par ailleurs, le protocole du Traité de Maastricht reprend tout l'historique de l'IME qui est cité 123 fois.

Et il n'est pas avare en répétitions quand il s'agit de définir les droits de la Finance.

Notons déjà les mots inexistants ou très peu utilisés.

- Nation (0) ;
- Homme (0) autrement que dans « droits de l'homme » ;
- Femme pour rappeler que ce sont les gouvernements qui s'occupent de leurs droits (2) ;
- Famille (0) ;
- Enfants (0) ;
- Droit de Subsistance (0) ;
- Droit à l'Existence (0) ;
- Syndicat (0) ;
- Peuple (4) pour dire que les cultures seront respectées alors que l'Anglais devient pratiquement la seule langue officielle ;
- Travailleurs (9), mot associé à la libre circulation et à la mobilité géographique mais, pour le reste, ce sont les Etats membres qui doivent s'en occuper ;
- …

Notons maintenant les mots les plus utilisés.

- BCE (204) ;
- Institutions (100) pour définir leurs droits et périmètres respectifs ;
- Etat associé à « membre » (97) pour définir les obligations des Etats Membres ;
- Système Européen des Banques Centrales (84) ;
- Monnaie (34) pour rappeler l'historique des monnaies nationales et pour parler désormais de « monnaie unique » ;
- Capitaux (28) pour l'associer à « libre circulation » ;
- Etat seul (22) pour définir les pays non associés ;
- Liberté de circulation des travailleurs (9) ;
- Billets de banque (7) pour dire que le Conseil des Gouverneurs est la seule autorité pouvant émettre la monnaie légale et qu'aucune autre monnaie ne peut être émise.

Notons les mots qui, curieusement, ne sont pas cités.

- Banque commerciale (0) : elles font désormais partie des « Institutions Financières Monétaires » ;
- Sociétés d'Assurance (1) pour dire que la BCE et le SEBC n'ont aucun droit de regard sur leurs activités.

Privilèges et Immunité (article 40).

> *« La BCE jouit sur le territoire des États membres des privilèges et immunités nécessaires à l'accomplissement de ses missions, selon les conditions définies au protocole sur les* ***privilèges et immunités des Communautés européennes*** *annexé au traité instituant un Conseil unique et une Commission unique des Communautés européennes ».*

Forcément, la BCE bénéficie du statut d'**Institution**, et tout le monde s'incline puisqu'elle a droit à tous les **privilèges et immunités**.

Immunité de fait des banques commerciales européennes…

Les banques commerciales ne bénéficient pas de tout cela mais elles sont protégées par la BCE et tout le SEBC (Système Européen des Banques Centrales).

Elles évitent donc les condamnations et les humiliations faites par la Justice américaine aux banques commerciales (quelle que soit leur nationalité) pour leurs multiples ententes illégales et infractions à leurs lois.

Nos banques-à-nous sont bien plus vertueuses que les banques américaines puisque ce sont des « **institutions** » : pour preuve, elles ont été lourdement condamnées aux Etats-Unis mais pratiquement jamais en Europe.

Les Américains ont inventé de plus en plus d'infractions.

Ces « infractions » sont condamnables dans le monde entier si le dollar a servi de base aux transactions ou si les Etats-Unis ont décrété qu'un pays devait respecter les diktats américains à l'international.

Dans tous les cas, ce sont leurs lois qui s'appliquent, et les Américains les imposent à tout le secteur financier mais aussi aux multinationales « imprudentes » du monde entier.

Ces abus (américains) ont fini par détrôner le dollar…

En réponse à ces inquisitions américaines, les BRICS (Brésil, Russie, Inde, Chine, Afrique du Sud) sont en train de construire un autre système international pour éviter les espionnages et les interférences politiques américaines.

La Chine sera donc le prochain espion des transactions internationales pour plus de trois milliards d'habitants.

Nos banques-à-nous pourront donc être sanctionnées aussi bien par les Etats-Unis que par les BRICS.

> En clair, *« la belle Europe indépendante »* s'écrit sur du papier, avec de beaux décrets, mais pas dans la réalité.

Indépendance.

Le terme « indépendance » est cité pour définir les pouvoirs exclusifs de la BCE et du SEBC (Système Européen des Banques Centrales).

Bien qu'elles soient aussi des « institutions », le Consilium, la Commission Européenne, le Parlement Européen, le Conseil de l'Union Européenne (UE-27), la Cour des Comptes et la Cour de Justice, aucune autre que la BCE ne bénéficie d'autant de précautions institutionnelles que la BCE.

Pour faire partie de la BCE…

Il faut être *« une personne compétente »*.

Par contre, aucune procédure démocratique n'existe pour définir les conditions de candidature et/ou les compétences requises.

Les Pouvoirs des Comités ?

A l'opposé, le Comité des Régions et le Comité Economique et Social n'ont aucun pouvoir.

Ils peuvent être *« consultés occasionnellement »* sans aucune garantie de prise en compte de leurs avis.

C'est le Conseil qui décide !

Il crée les lois, et il les exécute.

Le Conseil joue donc un « double rôle », législatif et exécutif.

Il se considère d'ailleurs comme « une deuxième chambre » en désignant ce système comme « *un parlement bicaméral* ».

C'est bien sûr ce que nous allons dénoncer.

b) Nouveau Fonctionnement de nos « Institutions ».

Depuis le Traité de Maastricht, la gouvernance de l'Europe repose en fait sur trois piliers :

- Le Consilium écrit nos lois suite aux décisions prises par le Conseil Européen des Chefs d'Etat et de Gouvernement, et ces décisions sont ensuite « harmonisées » par le Conseil de l'Union Européenne, celui des Ministres nationaux ;
- Le Parlement est chargé de les voter ;
- La Commission est chargée d'exécuter, et donc de respecter ces lois.

Comme Moïse, la Commission a reçu « la Table des Lois » qui place la Finance au-dessus des Lois.

Par contre, contrairement au « premier prophète », la Commission reçoit en permanence de nouvelles lois venant du Consilium pour les inscrire dans le calendrier du Parlement.

De leur côté, les parlements nationaux…

Ils sont obligés de transposer toutes les lois et directives de l'Union Européenne dans leurs propres législations.

Unanimité : Compromis ou Compromissions ?

Pour mémoire, le principe de l'unanimité signifie que tout le monde doit être d'accord pour qu'une décision soit prise.

Avant réformes, il s'appliquait au Conseil Européen des Chefs d'Etat et de Gouvernement, et cela signifiait que des blocages fréquents devaient être levés puisque, dans ce cas de figure, le refus d'un seul membre faisait office de veto.

Le système est « délicat » car il suppose des compromis quasi-permanents et, dans la pratique, la frontière entre « compromis » et « compromissions » est très poreuse.

> *La dernière compromission a été vécue à mi-décembre 2023 avec Viktor ORBAN, le prochain « président tournant » pour le deuxième semestre 2024.*
> *Dans le cadre de la révision du budget européen 2022-2027, le Conseil voulait à la fois l'adhésion de l'Ukraine et la signature d'un plan d'aide en sa faveur (50 Md€).*

Charles Michel a tenté d'acheter le vote de V. ORBAN en lui débloquant un tiers de l'enveloppe d'aide promise à la Hongrie (30 Md€ au total).
Ce montant avait été bloqué pour sanctionner l'administration antidémocratique et l'utilisation clientéliste des fonds européens.
Coup de théâtre ! Viktor Orban, ami de Poutine et grand bénéficiaire du gaz russe, a refusé tout compromis sur l'Ukraine et mis en danger la sécurité de l'Union Européenne puisque, chacun le sait, sans les aides américaines et européennes, l'Ukraine perdra la guerre, et notre sécurité sera encore plus menacée.
La solution ? Orban obtiendra « ses » trente milliards, d'une façon ou d'une autre, et il lèvera son veto.
L'Union Européenne s'est déjà compromise sur ce dossier puisqu'elle a cédé face à Orban sur le respect de « ses » valeurs fondamentales, et elle concentrera encore un peu plus de pouvoirs pour éviter des débats de cette nature, justifiés ou pas.

Les domaines qui ne sont pas négociables.

La politique étrangère, la défense, la justice, la fiscalité, l'adhésion à l'UE, la modification des traités et le contrôle des comptes doivent disposer de l'unanimité au sein du Conseil.

En conséquence, rien ne peut bouger…

- La Cour de Justice ne peut pas remettre en cause les traités, même si des dysfonctionnements leur sont structurellement liés ;
- La Cour des Comptes ne peut pas s'emparer d'un dossier de contrôle si l'un des vingt-sept représentants des pays-membres y met son veto ;
- Ne comptez pas non plus sur la procédure de médiation pour contester les piliers en béton de ces traités : ces questions ne font pas partie de son « domaine de compétence ».

Par contre, la Justice et la Médiation fonctionnent à merveille si des citoyens et des organisations privées réclament l'application de « leurs lois » (celles de la Finance et des Marchés).

Au contraire, ces deux supports indispensables de la démocratie jettent l'éponge si ces mêmes citoyens et/ou si ces mêmes organisations privées veulent contester les règles établies par les traités.

c) Fonctionnement à Géométrie Variable.

Ce sont nos démocraties qui ont coulé.

« Le fromage » de Berlaimont est le terme utilisé par les Belges pour désigner les surfaces de bureaux et les personnels qui ont « coulé » de plus en plus dans le paysage bruxellois… comme un fromage très avancé.

Avec les surfaces et les personnels, les traitements et les avantages des hauts fonctionnaires n'ont pas cessé de « dégouliner » eux aussi puisque ce fromage coûte de plus en plus cher : de 4% en 1998-1992 à 12% du budget européen à partir de 2009 (création de nouvelles institutions).

Le pire est dans le Traité de Maastricht lui-même qui a consolidé les divers aménagements, confusément introduits dès le traité de fusion des Communautés Européennes en 1967.

Nous passerons sur les traités de Luxembourg (1970) et de Bruxelles (1975) qui ont porté sur des « détails de fonctionnement » :

- Sur la taille, la répartition et l'horizon des budgets ;
- Sur les moyens de les financer ;
- Sur les droits de vote revendiqués par le Parlement (nuls au départ) ;
- Sur le rattachement de la Commission au Parlement Européen que l'on peut qualifier de « décision démocratique de façade » ;
- Sur l'adhésion de nouveaux Etats-Membres (Danemark, Irlande) ;
- Et surtout sur l'adhésion du Royaume-Uni qui a été un échec permanent.

Modes de Fonctionnement Variables.

Nos poules européennes sont de *« très bonnes pondeuses »*, et elles savent « faire compliqué » quand tout est simple.

Les procédures sont aujourd'hui incompréhensibles et variables, donc malsaines dans tous les domaines, que ce soit pour négocier les recettes, pour définir des catégories de dépenses ou pour voter les budgets.

De même, nous ne parlerons pas du nouveau Fonds Européen de Développement Régional (FEDER) destiné à « répondre aux besoins des régions ».

Les premiers bénéficiaires ont été (à nouveau) les Italiens, puis les Irlandais et les Anglais, puis les Espagnols, les Grecs et les Portugais, et enfin les nouveaux arrivants (pays de l'Est).

Non, tout cela, ce ne sont que peccadilles par rapport aux avancées obtenues et surtout institutionalisées par la Haute finance.

d) Systèmes de Décision : Démocratie de Façade.

Officiellement, il existe sept « institutions ».

Le Consilium (UE-27) ou Conseil Européen de l'UE-27 « *définit les orientations et les priorités politiques générales de l'Union Européenne* » mais concentre aussi beaucoup trop de pouvoirs en pilotant les Conseils des Ministres (ils sont de plus en plus nombreux), désigné Conseil de l'Union Européenne.

Le Conseil de l'Union Européenne ou Conseil des Ministres.

- Négocie et adopte les textes législatifs de l'UE ;
- Coordonne et surveille les politiques économiques et budgétaires des États membres dans les domaines les plus inattendus : éducation, culture, jeunesse et sports ; politique de l'emploi ; aide au développement et aide humanitaire fournies (liées à la défense et au commerce) ;
- Traite des aspects juridiques et pratiques de l'euro, des marchés financiers et des mouvements de capitaux ;
- Définit la politique étrangère et de sécurité commune de l'UE ;
- Conclut des accords internationaux ;
- Adopte le budget de l'UE.

La **Commission** représente l'exécutif et dépend officiellement du Parlement Européen.

Le **Parlement Européen** n'a pas de rôle législatif (contrairement à la version officielle) :

- Il reçoit les lois à voter, venant du Conseil, transmises à la Commission pour inscription dans son agenda.
- Le Parlement peut éventuellement les corriger ou faire des propositions mais seulement de façon consultative.

La Cour de Justice Européenne (Curia).

La **Banque Centrale Européenne** (qui dirige tout le Système Européen des Banques Centrales).

La Cour des Comptes.

Il existe d'autres « innovations administratives ».

Ces « administrations » sont mal qualifiées puisqu'elles sont souvent présentées comme des « institutions » (ce qui juridiquement est faux), et elles ne bénéficient d'aucuns pouvoirs législatifs, juridiques et judiciaires.

Par contre, le montage tentaculaire de ces « innovations » coûte de plus en plus cher puisque l'administration européenne coûte désormais 12% du Budget Européen au lieu de 3% dans le cadre du Traité de Maastricht.

Parmi ces innovations :

- Médiateur européen ;
- Comité européen de la protection des données ;
- Office européen de sélection du personnel ;
- Office des publications de l'Union européenne ;
- …

Différents Systèmes de Décision.

Nous l'avons vu, le principe de départ pour la prise des décisions était celui de l'unanimité mais, au fil du temps, le système de la majorité absolue s'est imposé sans aucun débat démocratique.

Il existe donc plusieurs manières de prendre des décisions au sein de l'Union Européenne :

- Tantôt à la majorité qualifiée simple (un pays, une voix).
- Tantôt à la majorité qualifiée double (majorité simple ou qualifiée si 65% de la population sont représentés).

  > Autrement dit, il suffit que les six pays fondateurs de l'ex-CEE s'entendent pour imposer leurs lois.

- Tantôt avec des règles défavorables aux opposants : dans ce cas, la majorité simple peut s'imposer.
  C'est le cas pour tous les problèmes monétaires et financiers.
- Tantôt à l'unanimité : c'est « la Table des Lois » intouchable sur la Monnaie et les Marchés qui s'applique.

Désormais, l'Union Européenne nous impose de plus en plus de règles, encore plus intrusives, ce que nous allons découvrir dans le Traité d'Amsterdam.

Pourquoi ces modes de décisions sont-ils si différents ?

Parce que justement il y a des décisions que l'on pourra toujours discuter, et il y a toutes les autres qui ne pourront jamais l'être.

- Harmonisation fiscale et sociale : c'est non.
- Fonctionnement de la BCE et de l'euro : c'est non.
- Traités Internationaux : c'est non.
- Défense Commune : c'est non.
- Politique Etrangère : <u>on fait semblant</u> d'avoir une politique étrangère commune.

Les « domaines interdits » …

Ils sont très pénalisants pour le Bien Commun.

Chacun fait ce qu'il veut, et fait semblant de suivre une politique commune.

En contrepartie, nous sommes les laquais des Américains dans tous les domaines : monnaie, finances, défense, communication (leurs réseaux sociaux), leur espionnage permanent, …

L'Europe est également à la merci de la Chine.

Au moindre couac, chaque Etat-Membre envoie son émissaire en Chine ou ailleurs pour obtenir des aménagements spécifiques pour « son » commerce et pour « son » industrie.

Les Chinois ont tellement bien compris « notre » système qu'ils n'arrêtent pas de le désarticuler au point qu'ils refusent de « négocier » avec Josep BORREL, Haut Représentant de l'Union Européenne pour les Affaires Etrangères et la Politique de Sécurité.

Le 25 septembre 2023, le Commissaire Européen au Commerce, Valdis DOMBROVSKIS, a pu lui-aussi mesurer la rigidité des autorités chinoises : il n'a rien obtenu mais il a pu faire une conférence devant des étudiants de l'Université Tsin Hua de Pékin.

Or, la Chine nous inflige des déficits commerciaux de plus en plus abyssaux : -131 Md€ en 2020, -300 Md€ en 2022 et probablement -400 Md€ en 2023.

En 2022, le commerce de la Chine avec l'Allemagne s'est traduit par un déficit commercial allemand de -80 Md€ et celui de la Chine avec la France s'est traduit par un déficit commercial français de -55 Md€.

Mais, quand des « discussions » sont engagées pour rééquilibrer les échanges, c'est toujours la Chine qui impose ses conditions.

Sa route de la soie privilégie désormais la Hongrie, la Serbie et la Turquie comme points d'entrée en Europe.

La Grèce, l'Allemagne et l'Italie pourront bientôt oublier tous leurs rêves de croissance car le manichéisme chinois consiste à exploiter tous les points faibles de ses concurrents et faux partenaires.

Le Gateway Européen : c'est quoi ?

En forme de réponse à cette mainmise sur notre Economie Réelle, la Commission vient de créer son projet concurrent, *« Global Gateway »*, (portail mondial).

L'Union Européenne laisse faire la Chine sans prendre aucune décision protectrice, ni pour son économie réelle, ni pour l'environnement, pourtant bien malmené par tous ces échanges artificiels.

Pour mémoire, Aristote avait défini comme « des échanges artificiels » toutes les transactions qui enrichissaient les commerçants internationaux et appauvrissaient les populations par toutes sortes de moyens.

C'est Aristophane (un comédien) qui lui avait inspiré ce concept en décrivant les pratiques de l'époque : importations sauvages, non-paiement des taxes et d'impôts, pratiques mafieuses (saccage des récoltes, ventes à la sauvette, trafics sur la qualité, trafics sur les poids), prêts usuraires, rachat à vil prix des terres et des biens appartenant aux propriétaires endettés.
Au XXI° siècle, ce sont les banquiers, les industriels (biens et services) et les assureurs qui, dans un échange inégal, appauvrissent de plus en plus nos populations, en utilisant pratiquement les mêmes moyens.

Non, l'Union Européenne veut juste « protéger » son commerce avec l'Afrique en annonçant des budgets qui existent déjà, et en s'appuyant toujours sur ses grandes valeurs vertueuses (liberté, respect, santé, ...).

Lors de son discours sur l'Etat de l'Union, le 15 septembre, Ursula von der LEYEN avait déjà évoqué cette **« nouvelle stratégie »**.

> *« Nous sommes très bons pour financer des routes. Mais cela n'a pas de sens que l'Europe construise une route parfaite entre une mine de cuivre sous propriété chinoise et un port également sous propriété chinoise. Nous devons nous montrer plus intelligents pour ces types d'investissements ».*

Dans le domaine des investissements directs.

Dans la réalité, « notre » Europe ouvre l'accès au marché intérieur à toutes les entreprises chinoises, et elle accepte toutes les entraves, volontaires ou involontaires, qui lui sont imposées en Chine : risques politiques ; nationalisme ambiant ; risques liés au partenariat et au transfert des technologies ; risques d'espionnage ; risques de procès inéquitables ; agressivité dans les conquêtes territoriales et maritimes, ...

« L'unanimité » sert de rempart pour protéger les dogmes.

Le vote à l'unanimité s'applique à toutes les questions (citées) qui « dérangent ».

La pratique des « réunions informelles » ?

C'est le système de décision le plus insidieux, le plus malfaisant et le plus fréquent, adopté de plus en plus au sein de l'Union Européenne.

e) Quelles Analyses Philosophiques (peut-on faire) ?

Le Traité de Maastricht repose sur quatre « grandes valeurs ».

- Le **Marché Unique** (pas de frais douane entre membres, même s'ils sont de simples importateurs) ;
- La **Monnaie Unique** (à imposer dans toute l'Union Européenne) ;
- **La Liberté de Circulation des Biens et Services** (mondialisation heureuse) ;
- **La Liberté de Circulation des Capitaux** (des liquidités tueuses).

Insidieusement, d'autres « valeurs » sont apparues.

- La langue anglaise devient la « langue unique ».
  De plus en plus de textes officiels ne sont même plus traduits dans les langues nationales.
- Les réunions ministérielles au sein du Conseil de l'Union Européenne regroupent les ministres des Etats-Membres selon leurs prérogatives nationales.
- Leurs réunions sont de plus en plus « informelles », et donc « ne justifient pas de comptes-rendus ».
- Les réunions des **Ministres des Finances** pour la Zone Euro se déroulent de la même façon, *« de façon informelle »* et donc *« sans compte-rendu »*.
- « La Finance » prépare ses lois au sein de ses syndicats professionnels, et ce sont ***« les personnes compétentes »*** qui les font voter.
- ***L'indépendance des « personnes compétentes »*** est incontestable : il y a désormais des « experts » partout.

f) Absence d'un Sénat.

Le Conseil de l'Union Européenne est présenté officiellement comme :

> *« Le Conseil de l'UE est un organe institutionnel exécutif mais aussi législatif de l'UE, qui décide des actes législatifs et budgétaires.*
>
> *Il partage sa compétence dans les domaines soumis à la procédure législative ordinaire avec le Parlement Européen avec lequel il forme un parlement bicaméral (?).*
>
> *Ainsi, le Conseil des ministres représente les gouvernements des États membres tandis que le Parlement européen représente les citoyens des États membres ».*

C'est un système malsain puisqu'il exerce à la fois des pouvoirs législatifs et exécutifs, avec un système de prise de décision opaque.

Depuis l'Antiquité, le principe de deux chambres…

Ce principe est largement appliqué dans le monde entier :

- Le Parlement rédige et vote les lois.
- Le Sénat est le représentant des collectivités territoriales et locales et donc son rôle est de vérifier que les lois proposées par l'Exécutif sont compatibles avec les droits de proximité.

L'Exécutif est là pour « exécuter ».

C'est évident pour nous toutes et nous tous, sauf pour nos « irresponsables » politiques : aujourd'hui l'Union Européenne fait les deux à la fois.

En effet, le Conseil Européen écrit les lois, s'attribue des pouvoirs d'exécution « étendus » et impose toutes ses décisions à tous les parlements nationaux dans un nombre invraisemblable de domaines.

Au sein de l'Union Européenne, le Sénat n'existe pas.

Il a été remplacé par le Conseil des Régions… qui n'est pas une « institution ».

Ce Conseil *« peut être éventuellement consulté »* sans vraiment peser sur les décisions finales.

Les droits de proximité sont variables et partout différents.

Non seulement *« tout change sans cesse »* (Héraclite) mais en plus les populations sont elles-mêmes le produit d'une histoire et d'un environnement très disparates.

Le Sénat est justement là pour réagir et pour défendre les diversités.

Or, le Consilium joue à la fois un rôle législatif et exécutif, en écartant le Comité des Régions (242 régions) et le Comité Economique et Social, lui aussi très « régional » par vocation.

L'UE se dit « responsable des domaines suivants » …

- Réseaux transeuropéens (RTE) ;
- Politique industrielle;
- Protection des consommateurs;
- Education et formation professionnelle;
- Questions liées à la jeunesse;
- Culture.

En fait, l'UE concentre bien plus de pouvoirs que cela, nous allons le voir.

Droits du Comité des Régions.

L'examen de ces « propositions - décisions » ne fait même pas partie de leurs droits.

Or, il est facile de comprendre que ces « responsabilités » de l'Union peuvent interférer avec les droits de proximité des citoyens.

Et donc, les Régions devraient pouvoir rejeter des décisions liberticides, venues d'en haut.

Rappel nécessaire, il n'y a pas de Sénat Européen.

L'unanimité est requise pour tout changement des traités.

En effet, cette dernière règle s'applique dès que quiconque veut changer quoi que ce soit dans les traités, ou déclencher des enquêtes gênantes, ou « harmoniser » les règles fiscales et sociales.

C'est devenu intolérable tellement les « infractions » aux droits essentiels (droit de subsistance et droit à l'existence) sont nombreux.

D. Le Traité d'Amsterdam (1997) : la Supranationalité.

Le Traité d'Amsterdam (1997 – 1999) a introduit les procédures de **coopération renforcée et d'intégration différenciée** qui permettent aux pays (qui le souhaitent) d'avancer plus vite que les autres dans le processus de la supranationalité.

a) Les Nations ont compté leurs Derniers Jours.

La politique économique et monétaire commune fait partie de ces « avancées » puisqu'il suffit que neuf pays donnent leur accord pour que des propositions soient adoptées dans le respect de **« l'acquis communautaire ».**

D'une part, les Etats-membres et nouveaux entrants doivent accepter de reprendre tous les traités antérieurs et de modifier leurs constitutions nationales en conséquence.

D'autre part, il suffit que neuf états soient « coopératifs » (en négociant leurs propres avantages) pour que le Conseil prenne de plus en plus d'initiatives législatives et exécutives.

b) L'Horreur Absolue.

Pour bien comprendre l'horreur absolue, nous nous contenterons de citer les définitions sur l'étendue des **« acquis communautaires ».**

> *« L'acquis de l'UE évolue continuellement au fil du temps et comprend :*
>
> - ✓ *La teneur, les principes et les objectifs politiques des traités de l'UE ;*
> - ✓ *Toute législation adoptée pour appliquer ces traités et la jurisprudence développée par la Cour de justice de l'Union européenne ;*
> - ✓ *Les déclarations et les résolutions adoptées par l'UE ;*
> - ✓ *Les mesures dans les domaines de la politique étrangère et de sécurité commune et de la justice et des affaires intérieures ;*
> - ✓ *Les accords internationaux que l'UE conclut ;*
> - ✓ *Et les accords conclus entre les États membres eux-mêmes en ce qui concerne les activités de l'UE. »*

Il suffit donc que *« un groupe pionnier »* (expression de J. Chirac) accepte une extension des pouvoirs de l'Union Européenne pour que les autres soient incités à faire la même chose.

E. Le Traité de Lisbonne (2009) : « Les Experts ».

a) Extension des Pouvoirs de l'Union Européenne.

Nous allons constater que le nombre de domaines entrant dans « la compétence » de l'Union Européenne a bien augmenté dans le Traité de Lisbonne à cause des principes de **« subsidiarité »** et **« proportionnalité »**.

Le principe de subsidiarité.

> *« Le principe de subsidiarité définit les conditions dans lesquelles l'Union dispose d'une priorité d'action par rapport aux États membres. »*

Autrement dit, « l'autorité compétente » est considérée comme étant *« plus proche de ceux qui sont directement concernés par une Loi ou un Décret »* dès lors que cette « autorité compétente » la considère comme « nécessaire ».

Les États et les régions doivent donc accepter des décisions prises sous la pression des lobbies (qui sont les plus proches du Pouvoir)

Le principe de proportionnalité.

Ce principe de proportionnalité est une notion bien connue en droit pénal dans tous les pays démocratiques mais, au sein de l'Union Européenne, il prend une connotation bien particulière.

« L'Union Européenne ne doit recourir au droit pénal que lorsque les autres moyens sont insuffisants pour y remédier ».

Autrement dit, l'Union Européenne a même le droit de se substituer au Pouvoir Judiciaire des Etats-Membres.

L'Union Européenne dispose donc de « tous les droits » dans les domaines du Législatif, de l'Exécutif et même du Judiciaire.

« Le principe de proportionnalité requiert que le contenu et la forme de l'action de l'Union n'excèdent pas ce qui est nécessaire pour atteindre les objectifs poursuivis ».

Seul, le Conseil peut estimer que les objectifs et les moyens sont bons… sans être disproportionnés.

Donc le Conseil est « l'autorité compétente » qui a le droit de prendre des décisions sans en référer aux Etats et aux Régions.

C'est un système anti-démocratique.

b) Fin des Nations.

Pour mémoire, les gouvernements européens de l'époque avaient prévu de mettre en place le Traité de Rome (2004), établissant une Constitution pour l'Europe, communément désignée par Constitution Européenne ou Traité Constitutionnel Européen.

Signé à Rome, il aurait dû entrer en vigueur le 1er novembre 2006, à condition d'avoir été ratifié par chacun des vingt-cinq États signataires.

Par contre, la plupart des pays de l'Union Européenne n'aiment pas la démocratie directe et, seuls, les pays suivants avaient l'intention de consulter leurs peuples :

- L'Espagne et le Luxembourg avaient voté « oui » ;
- Les Français et les Néerlandais avaient voté « non » ;
- La Suède, le Danemark, le Portugal et la Grande-Bretagne avaient annulé ce referendum suite au vote négatif de la France et des Pays-Bas ;
- Les autres pays sont opposés au principe des referendums.

En raison de cet échec, le Traité de Lisbonne a été imposé aux peuples européens en reprenant la majorité des changements qui se trouvaient dans le « traité constitutionnel ».

Son principe a été « arrêté » le 23 juin 2007 lors du Conseil Européen de Bruxelles et son texte approuvé par le Conseil Européen de Lisbonne le 19 octobre 2007.

En 2005, ils voulaient un Etat Fédéral pour l'Union Européenne.

Ils ont échoué mais ils n'ont pas abandonné.

La suite ? Ils ont effacé le mot « Constitution ».

Ils l'ont remplacé par *« Traité de Fonctionnement de l'Union Européenne ».*

La question est donc entière.
Comment ont-ils fait pour réussir ?

c) La Démocratie ? Morte avec l'Eurogroupe.

En réalité, la démocratie était déjà morte depuis 1997, bien avant que l'Eurogroupe n'existât officiellement.

Cet organe - sans nom et sans statut - a été créé officieusement depuis la création de l'Union Economique et Monétaire en 1997, mais son nom et les contours vagues de son fonctionnement ont été fixés beaucoup plus tard dans l'article 137 du traité de Lisbonne en 2009.

Toutes ses réunions sont informelles.

Mieux, il n'y a jamais de compte rendu de toutes ces réunions mensuelles et exceptionnelles.

Elles sont présidées par un ministre des finances (actuellement irlandais) la veille des réunions ECOFIN des chefs d'État.

Leurs textes sont validés de cette façon par l'Exécutif Européen.

En clair, pas de débats parlementaires.

Le Conseil cumule donc des fonctions législatives et exécutives.

Or les sujets sont majeurs : la monnaie, la finance et le fonctionnement des marchés.

Mieux, depuis lors, des décisions sont prises dans d'autres domaines, par d'autres ministres, selon le même principe des réunions informelles.

Sans débats parlementaires.

Pour imposer ces décisions plus facilement, ils ont simplement modifié le système des droits de vote.

ECOFIN : une instance majeure du Conseil Européen.

Autrement dit, l'Eurogroupe présente à la signature des chefs d'état toutes les décisions sensibles qui concernent la Zone Euro.

Le plus choquant tient à la présence permanente des représentants de la BCE et du directeur général du Mécanisme Européen de Stabilité au cœur même de nos **« fabricants de lois partisanes ».**

Nec plus ultra, Christine LAGARDE ne craint plus de se faire prendre en photo comme « institutrice en chef » de cette « institution » jusque-là invisible.

Elle se tient debout au premier plan, avec son « chef de classe », actuellement le ministre des finances irlandais (Philip R. LANE).

En arrière-plan, les dix-neuf autres ministres des finances, très sages et très obéissants.

Le secteur financier ? « Le mouton noir » de nos « démocraties ».

Il est le mouton noir dans les deux institutions :

- Le Conseil Européen ;
- Le Conseil de l'Union Européenne (UE-27).

Sous les apparences d'une « institution », la BCE et tout le SEBC représentent en fait tout le secteur bancaire et, par le jeu des licences bancaires, il représente en fait tout le secteur financier.

Or, le secteur financier est un secteur privé.

Il a obtenu de siéger au sein du Conseil Européen (UE-20) et du Conseil de l'Union Européenne (UE-27) mais, « petite anomalie », les deux Conseils sont les seules institutions habilitées à écrire nos lois.

Et donc, **« la Finance indépendante »** est au cœur de notre système législatif !

d) Droits de Vote au sein de l'Eurogroupe et d'Ecofin ?

« La Majorité Qualifiée double est la règle de la « double majorité » avec 55 % des États membres de l'UE et 65 % de la population de l'UE.

La Minorité de Blocage doit inclure au moins quatre membres du Conseil : environ 80 % de l'ensemble des actes législatifs de l'UE sont adoptés au moyen de cette procédure.

Si le seuil de minorité de blocage de quatre membres du Conseil n'est pas atteint, ***la majorité qualifiée est réputée acquise*** *».*

Droits de vote au sein du Conseil de l'Union Européenne ?

« La majorité qualifiée renforcée est acquise si deux conditions sont remplies simultanément : au moins 72 % des États membres ont exprimé un vote favorable - soit au moins 20 sur 27, avec au moins 65% de la population de l'UE ».

F. Conclusion.

Nous venons de retracer « les dérives juridiques » de l'Union Européenne.

Les premiers pas de la CECA ont laissé des traces : cette première « institution » s'est de suite déclarée « supranationale », « indépendante » du Pouvoir Politique (dans chacune des nations participantes), « compétente » en matière de collecte d'impôts et des taxes, et « dirigée » par une Haute Autorité aux contours très flous.

A partir du Traité d'Amsterdam, l'Union Européenne exerce tous les pouvoirs : législatif, exécutif et judiciaire.

Ses domaines de compétence ont été étendus et ses décisions sont désormais entérinées sur des bases opaques, par ses « experts » et par le biais de ses « réunions informelles ».

Dieu-le-Consilium a bien sûr validé « l'indépendance totale de la BCE », il a muselé de facto toutes les autres institutions : Conseils des Ministres, Commission, Parlement Européen, Curia, Cour des Comptes.

Il empêche même les peuples de s'opposer à toutes ses décisions : manque de pouvoirs accordé au Conseil des Régions, au Comité Economique et Social, à l'Initiative Citoyenne Européenne, à la Médiation Européenne….

Toutes les hiérarchisations anciennes ont disparu : le Parlement n'a plus le droit de « créer » les lois, le Sénat a disparu et les « lois votées » s'appliquent de façon quasi-automatique à tous les parlements nationaux.

L'impunité totale a même été instaurée à tous les « irresponsables » politiques, aux hauts fonctionnaires et surtout aux dirigeants et membres du personnel de la BCE-BRI.

Qui peut s'opposer aux décisions de la BRI-BCE ?

A partir du moment où les représentants de la BRI-BCE siègent systématiquement au sein du Conseil Européen et même au sein du Conseil de l'Union Européenne, ils maîtrisent tout le Pouvoir Législatif, et ils sont en contact permanent avec les Chefs d'Etat et de Gouvernement.

Ils sont là pour imposer « leurs » lois alors que, nous allons le voir, tous ceux qui les écrivent sont par définition des « **personnes compétentes** » qui sont au-dessus de la Loi.

Dans un système de gouvernance normale, ils seraient « **hors la Loi** ».

Pensez-vous un seul instant que des Ministres des Finances osent s'insurger dans un système pareil ?

C'est tout simplement inimaginable, ils seraient éjectés immédiatement.

PARTIE II : QUI A REDIGE TOUS CES TRAITES ?

Jamais personne n'a posé cette question comme si de tels traités pouvaient tomber du Ciel !

Or, non seulement c'est important de le savoir, mais aussi de le prouver.

Pour y parvenir, nous avons tout simplement cherché dans l'Histoire :

- Ce qui a pu déclencher cette réflexion ?
- Et qui a pu la mener à son terme ?

A. Histoires Anciennes.

a) La Guerre de 1870.

Guerre 1870 : les Prussiens avaient « saigné » la France.

A l'époque, les Français avaient dû payer 5 milliards de franc-or, soit environ 16,1 tonnes d'or pur, l'équivalent d'environ de cent trente milliards de dollars actuels (15% de leur PIB de l'époque) mais, en plus, ils avaient perdu l'Alsace et la Lorraine.

Mieux, ils avaient dû payer l'entretien des troupes d'occupation jusqu'au paiement final en 1872, après la mise en place d'un emprunt public.

Les Français avaient donc payé le prix maximum alors que l'Allemagne prussienne n'avait subi aucune destruction sur son sol.

En plus, la France avait subi l'humiliation de la proclamation de l'empire allemand et le sacre de Bismarck, bien plus que celui de Guillaume 1°, dans la Galerie des Glaces le 18 janvier 1871, suscitant une insurrection à Lyon, Marseille et Paris contre l'Assemblée Nationale Constituante qui validait le « nouveau pouvoir » mis en place.

En fait, les successeurs de Napoléon III s'étaient tous empressés de faire valoir leur légitimité dans un simulacre de suffrage universel.

Ils ont construit leur pouvoir pour combattre la révolte de « la Commune de Paris » en assassinant trente mille Parisiens affamés, en révolte contre la lâcheté et l'incompétence de leurs « grands » militaires et dirigeants politiques.

b) La Guerre de 1914-1918.

Des dégâts considérables sauf en Allemagne.

Le traumatisme de la défaite de 1870 était dans toutes les têtes des Français mais la revanche était bien arrivée avec la défaite de l'Allemagne.

Le Traité de Versailles (1919) devait définir les réparations de guerre imposables à l'Allemagne vaincue, et Clémenceau se souvenait de toutes les humiliations imposées par la Prusse.

Il avait vécu la censure du régime en tant que fondateur de l'hebdomadaire *« Le Travail »*, très critique à l'égard du régime de Napoléon III.

En tant qu'organisateur d'une manifestation à la place de la Bastille en faveur de la Révolution du 24 février 1848, il avait même obtenu le soutien de Zola qui fut arrêté et mis en prison en même temps que lui.

« Quand on a l'honneur d'être vivant, on s'exprime ! »

Clémenceau était par ailleurs député de la Seine (du 12 février au 17 mars 1871), juste après cette « grande humiliation ».

Il avait « mal vécu » la proclamation de l'Empire Allemand dans le Palais des Glaces, ainsi que l'annexion de l'Alsace et de la Lorraine.

Au cours de la guerre 1914-1918, les Allemands avaient échappé à des destructions importantes sur leur territoire mais ils avaient occasionné des destructions massives en France et en Belgique.

Clémenceau avait donc gardé en mémoire toutes ces humiliations avant de se trouver au-devant de la scène d'une nouvelle guerre, avec cette fois un grand nombre de victimes et des dégâts considérables.

Le chiffrage des dégâts subis : près de 4.500 milliards de dollars.

La Commission des Réparations de Guerre avait estimé les dégâts à 132 milliards de marks-or le montant des réparations ou 300 fois son PIB de 1913, l'équivalent de 4.500 milliards de dollars actuels.

Elle décréta qu'une première tranche de 50 milliards de marks-or serait versée par l'Allemagne en 25 annuités de deux milliards de marks-or chacune.

Les fournitures gratuites en charbon et en acier en provenance de la Ruhr avaient été estimées à 2 milliards de marks-or.

Première tranche des réparations : 52 milliards de marks-or.

Les Alliés ont décidé de faire le point sur l'Economie allemande avant de fixer les échéances à venir pour le solde des 80 milliards de marks-or mais personne n'était dupe : les Allemands ne paieraient jamais cette somme.

Ce fut bien sûr le cas.

Le Régime Impérial Prussien s'effondra et fut remplacé par la première république allemande à Berlin, le 9 novembre 1918.

La République de Weimar est devenue officielle en février 1919 avec la promulgation en août 1919 d'une Constitution qui a fait de l'Allemagne un État fédéral, le *Reich,* composé de 17 États *(Länder)* autonomes.

Un véritable chaos avait précédé puis accompagné l'existence de cette République de Weimar : révolte spartakiste (extrême-gauche), opposition des communistes, des nationalistes et des milieux financiers après la signature du traité de Versailles (1919).

Les difficultés se sont accumulées et ont menacé l'existence même de la République : crise économique, effondrement du mark en 1922, occupation de la Ruhr par la France (1923), mouvements séparatistes (Bavière, Rhénanie, Saxe), tentatives de putschs militaires (Kapp à Berlin en 1920, et Hitler à Munich en 1923), …

c) Le Plan Dawes (1924).

Les banques américaines au secours des Allemands.

En 1924, les banquiers américains ont décidé d'accorder des prêts au Régime ultra-conservateur de Weimar car, selon leurs critères, l'Allemagne était bien plus solide que les pays victimes.

Elle était notamment deux fois moins endettée que la France et la Grande-Bretagne en 1919.

Il suffisait d'aider les Allemands : ce fut fait en trois temps.

Ils reviendraient vite au-devant de la scène internationale.

Premier temps : alliance anglo-saxonne contre la France.

Dans un premier temps, les Anglais et les Américains, en bons Protestants, se sont alliés contre la France catholique qui risquait de porter ombrage à l'Angleterre.

Ils ont donc menacé d'attaquer le franc pour obliger Poincaré à accepter de négocier la réduction des réparations allemandes.

Dans un deuxième temps : ouverture du marché américain.

Les Américains ont donné accès à leur marché intérieur pour favoriser les exportations de produits manufacturés allemands.

Dans un troisième temps : prêts aux banques allemandes.

Les banques allemandes ont eu recours à des prêts bancaires, essentiellement américains, pour relancer l'économie.

Comme ces prêts étaient garantis par le Plan Dawes, ils ont fini par constituer près de 45% des ressources des quatre banques allemandes les plus importantes : la Danatbank, la Deutsche Bank, la Commerzbank et la Dresdner Bank.

> *« Avec ces munitions, les quatre grandes banques allemandes, se livrent une concurrence acharnée.*
>
> *Les crédits sont accordés sans précautions aux entreprises et aux particuliers, le niveau de risque s'élève dangereusement jusqu'en juillet 1931, lors de l'effondrement du système bancaire allemand » (Wikipédia).*

En clair, l'hyperinflation allemande de 1924 à 1931 était bien le résultat d'une démesure des banques américaines et allemandes dans un contexte social très chahuté.

Dès 1923, l'hyperinflation était voulue par les dirigeants du Reich.

Gustav Stresemann, fondateur et dirigeant du Parti Populaire allemand, Chancelier en 1923 et Ministre des Affaires étrangères de 1923 à 1929, avait rédigé une note interne au sein du ministère allemand des Affaires étrangères:

> *« Plus nous emprunterons à l'étranger, moins nous aurons à payer au titre des réparations ».*

La crise de 1929 aux Etats-Unis a conduit les banquiers américains à arrêter le financement des banquiers allemands ; les banques allemandes ont été rapidement étranglées.

Parmi les généreux créanciers privés se trouvaient les grandes banques américaines : *J. P. Morgan & Co, The First National Bank of New York*, et *The First National Bank of Chicago*.

Les créanciers américains étaient menacés de faillite.

Il fallait les sauver.

d) Le Plan Young (1929).

Owen D. Young était le créateur et ancien président de Radio Corporation of America (RCA). Il siégeait au conseil d'administration de la Fondation Rockefeller, il avait été nommé diplomate et il fut l'un des représentants dans le Comité Dawes en 1924.

Le plan financier, présenté par le comité qu'il présidait en 1929 et 1930, devait *« sauver l'Allemagne »* car, suite à la Grande Dépression de 1929, elle ne pouvait plus exporter aux Etats-Unis, ni rembourser ses emprunts.

En conséquence, le chômage en Allemagne était passé de 355.000 à 3.336.000 chômeurs entre juin 1928 et avril 1930.

Les ***Prêts Young*** étaient prévus pour un montant total de 1,2 milliard de mark-or avec un intérêt de 5,5 % et une maturité de 35 ans.

Depuis le Krach de 1929, personne ne voulut y souscrire, sauf les Français (28%) à égalité avec les Américains (28 %), les deux plus gros souscripteurs.

Quid des réparations prévues au Traité de Versailles ?

En bref, le paiement total réel de 1920 à 1931 (lorsque les paiements furent indéfiniment suspendus) atteignait 20,6 milliards de marks-or.

Nous étions très loin des 52 milliards de marks-or prévus par le Plan Dawes.

Et nous étions à des années-lumière des dégâts constatés par la Commission des Réparations : 132 milliards de marks-or.

Problème majeur pour les Américains ?

Cette somme de 20,6 milliards de marks-or avait pu être payée, conformément au plan Dawes (1924), grâce à des prêts américains se montant à 12,5 milliards.

Problème majeur pour les Français ?

En fin de compte, la France toucha au total un peu plus de 9,5 milliards de marks-or, au lieu des 68 prévus.

En plus, les Français étaient embarqués dans le plan Young et de son prêt de 26,4 milliards de dollars, remboursable sur près de 59 ans : ils l'avaient cofinancé à hauteur de 7,4 milliards de dollars.

Bien sûr, ce nouvel échéancier ne fut pas honoré par Hitler.

B. CRÉATION DE LA BRI (1930).

a) Le Pouvoir Change de Main ...

Suite aux Accords de La Haye d'août 1929 et janvier 1930 portant sur les réparations de guerre par l'Allemagne, huit banques centrales fondèrent la BRI : Allemagne, Belgique, Etats-Unis, France, Grande-Bretagne, Italie, Japon et Suisse.

Elles s'associèrent à un groupe bancaire américain pour présenter sa Charte Constitutive du 20 janvier 1930 : ce groupe comprenait la J. P. Morgan & Co, The First National Bank of New York, et The First National Bank of Chicago.

Tous ensemble, ils ont souscrit au capital de cette nouvelle banque internationale, divisé en deux cent mille actions.

Le prix fut fixé à deux francs suisses et cinquante centimes, soit cinq cents millions de francs suisses à l'époque.

Cela équivalait à 145.161.290,32 grammes d'or fin, soit environ neuf milliards de dollars actuels : un montant dérisoire pour une « banque internationale ».

b) « Les Experts Privés ».

En clair, les banquiers privés se sont associés aux banquiers centraux pour obtenir le statut ***« experts indépendants »*** et pour mettre en place le *Comité pour l'Organisation de la Banque des Règlements Internationaux* (le COBRI).

Parmi eux, tous les banquiers victimes de leurs prêts aux banques allemandes et un certain Pierre QUESNAY qui en deviendra le premier Directeur Général.

Nous y reviendrons.

Le COBRI recommandait notamment que les gouvernements des pays victimes abandonnent tous leurs droits à réparations à la Banque des Règlements Internationaux sous le fallacieux prétexte que celle-ci assurerait le transfert et la répartition des versements allemands entre les créanciers.

Pour gérer ces paiements…

« La Banque des Règlements Internationaux à Bâle devait être plus indépendante des pressions politiques que la Commission des Réparations ».

En clair, le système financier remplaçait le système politique.

Ils ont osé parler d'un système de *« contrôle sans contrôle »* en remplaçant tous les contrôles politiques par cet *« institut de caractère commercial et financier »*.

Le processus d'adoption du plan Young a été lancé au cours de la première conférence de La Haye en août 1929, et il a été appliqué dès le 1er septembre 1929.

Le Président Hoover a exonéré définitivement les Allemands.

En juin 1932, lors de la conférence de Lausanne, le président américain Hoover a annoncé que l'Allemagne paierait un forfait général de trois milliards de marks… et les verserait à la Banque des Règlements Internationaux.

Les réparations pour les peuples ?

La BRI pourrait de cette façon placer les nouveaux emprunts obligataires de l'Allemagne et concentrer d'importantes réserves en devises étrangères pour faciliter les transferts et les taux de change.

> En réalité, les pays créanciers venaient d'abandonner tous leurs droits à des poursuites ultérieures en offrant cette somme considérable aux banquiers privés (essentiellement américains) qui, de ce fait, seraient remboursés de leurs créances pourries.

Les trois critiques de l'époque ?

Les Français ont été les plus critiques.

- D'une part, ils pensaient que la Finance Européenne deviendrait une *« puissance politique indépendante »* en devenant une banque d'affaires internationale.
- D'autre part, ils pensaient que ce système financier reproduirait à l'infini les défauts inflationnistes du Plan Dawes qui avait facilité l'explosion des crédits bancaires aux banquiers allemands, mauvais gestionnaires, et qui avait créé l'hyperinflation allemande.
- Enfin, selon eux, la BRI deviendrait un « nouveau Pouvoir », placé au-dessus des gouvernements en permettant aux banques de s'entendre entre elles pour « compenser » les réserves de change des banques centrales et financer de véritables projets politiques. Il fallait museler les Français.

Les Français avaient tout prévu mais, pour les museler, les Américains ont accepté que la BRI soit dirigée par un Français.

Pierre QUESNAY fut le premier directeur général et, c'est une « tradition » depuis lors, les banquiers et les hauts fonctionnaires français ont toujours occupé les postes les plus importants.

Ils sont encore aux commandes de nos jours, avec la présidence du Conseil d'Administration par un représentant de la BNP-PARIBAS, M. François Villeroy de Galhau, banquier « de grande noblesse » comme il se revendique alors que ses aïeux étaient simplement de grands bourgeois avant 1900.

Les banques américaines et françaises étaient sauvées.

À partir de janvier 1933, plus personne ne parlera des réparations dues au titre de la Première Guerre mondiale.

À cette date, l'Allemagne a payé 23 milliards de marks (grâce à un prêt « international ») sur les 132 milliards prévus au traité de Versailles.

Les populations avaient été victimes de pertes humaines, civiles et militaires (18 millions de morts, dont pratiquement la moitié de civils).

Pour réparer les pires destructions matérielles, elles n'avaient plus que leurs yeux pour pleurer.

Une deuxième guerre mondiale ...

Les banquiers allemands allaient pouvoir financer la deuxième guerre mondiale en toute impunité.

Les banquiers américains et européens avaient effacé toutes les ardoises : tout le monde était content.

c) Les Banquiers Français au Pouvoir.

Pierre Quesnay, *« grand économiste du monétaire »,* joua un rôle de premier plan dans l'élaboration du statut définitif de la Banque des Règlements Internationaux.

Il fit partie du Comité Spécial d'experts, aux côtés de R. Burgess, de W. Steward et de Shepard Morgan.

En 1930, il devint directeur général de la BRI.

Quatre autres Français lui succédèrent après avoir été adoubés par la Banque de France, le FMI et d'autres instances internationales.

P. Quesnay déclara le 18 février 1931 :

> *« La Banque des Règlements Internationaux n'est ni une banque européenne, ni un organisme mondial universel comme la Société des Nations ;* ***elle est une association des banques centrales des pays »****.*

L'entente cordiale… entre banquiers.

Le principe du « clearing » fut retenu par QUESNAY dès l'été 1930 en permettant à tous les intervenants de régler les paiements internationaux, publics ou privés, par de simples jeux d'écriture, sans passer par les marchés des changes.

Ce principe est toujours d'actualité mais il est plus connu des spécialistes sous le nom des « accords swaps », organisés grâce à « la main invisible » de la BRI.

Désormais, pour régler les crises…

Quelles soient les causes et les pays ou zones monétaires concernées, la BRI sert de coordinateur pour ouvrir des accords swaps.

Le contrat de swap entre deux banques centrales leur permet de détenir une quantité de devises étrangères pendant une certaine période à des cours et à des taux prédéterminés.

Le jour de l'ouverture du contrat, une banque centrale achète des dollars contre sa propre monnaie, et elle les revend immédiatement au même cours pivot à une échéance ultérieure (moins de deux ans).

Un petit détail technique mineur : les taux d'intérêt sur le marché n'étant pas identiques, le taux central en tient compte avec un « report » ou un « déport » traduisant l'écart monétaire des taux durant la période.

Cette différence est payée d'avance par la banque centrale qui bénéficie d'un différentiel de taux d'intérêt favorable.

Et vice versa…

Contrairement à ce qu'en disait Quesnay…

« Le clearing » par simple jeu d'écriture est la cause de tous nos désordres actuels.

En effet, les déficits structurels de la balance des capitaux des Etats-Unis ont toujours été réglés de cette façon-là : par des « swaps ».

Il n'y a donc jamais eu de dévaluation du dollar depuis les années 1965 : les multinationales européennes, japonaises et chinoises en ont bien profité.

Or, les Allemands et les Français en avaient bien conscience.

En 1930, ils critiquaient ce dispositif parce que la BRI se contentait de gérer la crise du crédit international sans jamais avoir de vue à long terme pour faire repartir les économies réelles.

La suite de la BRI fut encore moins glorieuse.

C. Le Passé Très Sombre de la BRI.

Les fondateurs de cette belle « institution » (expression désormais utilisée par la BRI elle-même) ont pourtant un passé très sulfureux.

a) Norman MONTAGU COLLET (1871-1950).

Baron et banquier anglais, ami intime de Hjalmar SCHACHT, il était le gouverneur de la Banque d'Angleterre de 1920 à 1944.

> *« Il est connu pour son apparence raffinée et artistique (?).*
> *Il ajoutait les Français à sa liste de brebis galeuses à côté des juifs, des experts-comptables et des Écossais ! » (Wikipédia).*

Il fut le fossoyeur de la livre-sterling en prônant le retour de la « convertibilité-or » en vigueur avant la guerre 1914 – 1918.

C'est aussi lui qui permit le transfert de l'or tchèque (pays envahi le 15 mars 1939) à l'Allemagne nazie.

b) Hjalmar SCHACHT (1877-1970).

Il fut l'autre co-fondateur et (petit rappel) très grand ami de Norman MONTAGU-COLLET.

Il devint le ministre de l'Economie de Hitler (1934 - 1937).

Il fut aussi l'organisateur des pillages de la Belgique durant la guerre de 1914-1918 et fut le promoteur de la doctrine mercantiliste, toujours en vigueur en Allemagne.

Pour mémoire, cette doctrine, appréciée des Allemands, préconise (toujours) d'afficher des balances commerciales plantureuses au détriment des voisins et partenaires les plus pacifiques.

c) Walther FUNK (1860 – 1960).

Il fut le premier directeur général de la BRI.

Il était très lié au régime nazi en occupant les postes sulfureux de secrétaire du ministère de *« L'Education du Peuple et de la Propagande »* sous les ordres de GOEBELS.

Il devint Président de la REICHBANK (ancêtre de la BUNDESBANK) et Ministre de l'Economie du Reich (1938 – 1945).

> *« Il fut jugé « coupable de crime contre la paix, crime de guerre et crime contre l'humanité, notamment pour avoir accepté dans les coffres de la Reichsbank l'or extorqué par les SS aux déportés. Il fut condamné à l'emprisonnement à perpétuité lors du procès de Nuremberg. Il fut libéré de la prison de Spandau pour raisons de santé en 1957 » (Wikipédia).*

La Banque des Règlements Inutiles.

La BRI ou *« Banque des Règlements Inutiles »*, comme la désignait la presse française de l'époque, n'a pas été « inutile » pour tout le monde.

> *Pour mieux comprendre le jeu de mots français, « Internationale » a été remplacé par « Inutile » (useless).*

En effet, les banques commerciales de ces huit pays, aussi bien celles des vainqueurs que celles des vaincus, ont littéralement pompé toutes les aides publiques prévues pour les peuples et pour les réparations de guerre.

D. Guerre 1939-1945 : encore Plus de Victimes et de Dégâts.

a) Même Amnistie et même Impunité.

Les mêmes impunités ont été accordées aux banques et aux grands groupes allemands et japonais, qui s'étaient pourtant illustrés pendant la seconde guerre mondiale par des pratiques d'esclavage et des tortures à grande échelle.

Les chiffrages en pertes humaines en Europe.

> *« Le bilan humain est catastrophique : entre 60 et 80 millions de morts, plusieurs millions de blessés, 30 millions d'Européens déplacés en raison des changements de frontières, surtout en Europe orientale.*
>
> *Ce conflit fut le plus coûteux en vies humaines de toute l'histoire de l'humanité. Environ 45 millions de civils sont morts et le nombre de victimes civiles est supérieur à celui des victimes militaires (18.000.000). Parmi les victimes, 6 millions de Juifs sont assassinés, ainsi que 220.000 tsiganes » (Wikipédia).*

Les chiffrages en pertes matérielles en Europe.

Les pillages pendant la guerre, les destructions de bâtiments publics et privés, les destructions d'infrastructures et de matériels ont été recensés mais le montant total des pertes infligées aux Alliés n'a jamais été publié.

Pour la France, la Commission Consultative des Dommages et Réparations a fait état de ± 900 milliards de francs 1939 (±15 mg d'or à 90%), ce qui correspond à plus de 12.000 tonnes d'or fin (99,999) ou plus de 800 milliards de dollars à la fin de 2023.

- Destructions immobilières et mobilières (175 milliards en franc or) ;
- Coût des déblais (42 milliards non inclus) ;
- Destructions et pillages ferroviaires (113 milliards) ;
- Destructions maritimes (32 milliards) ;

- Destructions de ponts, voies navigables, canaux, routes, voitures, bus, camions et autres équipements (175 milliards) ;
- Spoliations dans l'industrie et le commerce (265 milliards) ;
- Spoliations et destructions dans l'agriculture et l'élevage (125 milliards), …

Par contre, cela représentait à l'époque environ deux années de PIB, ou 6.000 milliards d'euros actuels.

Pour l'ensemble de Europe actuelle, ce chiffre des destructions et spoliations devrait largement dépasser les 30.000 milliards de dollars.

b) Pas de Réparations, une fois de plus …

Alors que chaque pays faisait les comptes des destructions subies, les Américains et les Russes pillaient toutes les technologies et les brevets allemands en exfiltrant les meilleurs scientifiques.

Une fois les décomptes prêts, le Plan Marshall fut proposé aux pays européens sous plusieurs conditions :

- Ils devaient abandonner leurs revendications pour des réparations allemandes sous le prétexte que, face à la montée du communisme et à la menace soviétique, il ne fallait surtout pas affaiblir davantage l'Allemagne.
- Ils devaient s'entendre au sein d'une nouvelle institution, Organisation Européenne de Coopération Economique (OECE devenue OCDE) pour se partager entre les vingt-trois pays concernés les avantages de ce plan, estimé à plus de 16,5 milliards de dollars (en 1951) soit plus de 250 milliards de dollars actuels.
- Ce plan était constitué de dons à hauteur de 85% et de prêts bancaires américains à hauteur de 15%.
  En réalité, les dons ont été de 11 milliards (67%) et les crédits de 5,5 milliards de dollars (33%).
- Ils devaient accepter le « système de contre-valeur » : pour chaque dollar d'importation américaine, ils devaient favoriser les investissements privés à hauteur de deux dollars sans recourir à « la planche à billet ».
- De plus, ils devaient financer ces investissements privés en acceptant des prêts de la Banque Mondiale, sous la haute surveillance du FMI.

Bien évidemment, ce sont les banques et les grandes entreprises qui ont bénéficié de ces « largesses » américaines.

c) L'Accord de Londres : les Dettes Allemandes.

L'***Accord de Londres sur les Dettes Allemandes*** (en allemand : Londoner Schuldenabkommen) est un traité d'allégement de dette entre la République fédérale d'Allemagne et ses pays créanciers, signé le 27 février 1953.

> *« L'objectif était de ne pas surcharger l'Allemagne exsangue et éviter les erreurs du Traité de Versailles signé en 1919.*
>
> *L'accord de Londres couvrait un certain nombre de types de dettes allemandes datant d'avant et d'après la Seconde Guerre mondiale.*
>
> *Le négociateur pour la partie allemande était Hermann Josef Abs, futur président de la Deutsche Bank ».*

Les négociations portaient sur des sommes comprenant :

> *D'une part un montant de 16 milliards de marks résultant des obligations du traité de Versailles de la Première Guerre Mondiale jamais honorées, ainsi que des emprunts souscrits par la République de Weimar et dont le paiement des intérêts a été suspendu par l'Allemagne au début des années 1930.*
>
> *D'autre part 16 autres milliards de marks représentant des emprunts d'après-guerre auprès des Alliés et principalement des États-Unis.*

En fait, tout le monde l'a compris, la BRI était aux aguets.

> *« L'argent était essentiellement dû aux gouvernements et à des banques privées aux États-Unis, en France et en Grande-Bretagne ».*

Le chancelier Konrad Adenauer accepta de rembourser la totalité de ces prêts, RFA et RDA comprises, en échange d'une reconnaissance internationale de la RFA, et d'une révision du statut d'occupation de la RFA.

Et, in fine, le montant à rembourser fut réduit de 50%, soit environ 15 milliards de marks prêtés avec une échéance finale à 30 ans.

Le dernier remboursement eut lieu le 3 octobre 2010 : les banques américaines, anglaises et françaises avaient été remboursées alors que les citoyens durent s'endetter pour reconstruire leur patrimoine actif, public et privé.

La BRI a bien négocié … pour les banques.

Pour l'Allemagne, ces remboursements correspondent à environ 60 milliards de dollars de 1960, payés aux banques commerciales (au lieu de 120).

Par contre, pratiquement rien n'a été versé aux gouvernements des peuples victimes des deux guerres : sur les 132 milliards de mark-or, prévus pour les réparations de la première guerre mondiale, la France avait reçu environ 21 milliards.

Pour la seconde guerre mondiale, plusieurs dizaines de billions de dollars (30.000 milliards?) n'ont jamais donné lieu à des réparations allemandes.

Pratiquement tous les pays européens avaient été leurs victimes, sans réparations : à titre d'exemple, la Grèce a réclamé officiellement des réparations de guerre le 17 avril 2019 pour 290 milliards d'euros.

Réponse : « Tout a été réglé ».

d) La Politique Mercantiliste.

Tous ces cadeaux ont permis à l'Allemagne de repartir d'un bon pied dans la course à la mondialisation sans payer le vrai prix des souffrances, des accidents de travail et des morts parmi les personnels déportés.

Pour les systèmes d'invalidité, pour les retraites ordinaires et pour les dégâts occasionnés à leur patrimoine, les citoyens des pays « vainqueurs » ont reçu des compensations, vite captées par les banques.

La Suisse, la belle patrie de la neutralité, a pu continuer ses activités de camouflage des biens et des fortunes frauduleusement acquis avant, pendant et après les exterminations nazies.

Elle a pu servir de grande blanchisserie pour l'évasion fiscale, cette fois à l'échelle mondiale

E. Les Accords de Bretton-Woods.

a) Le Grand Empire.

Pour la réunion de Bretton-Woods en 1944, ce sont les Américains qui ont imaginé et mis en place le Système Monétaire International à l'époque où l'Europe était toujours occupée par le régime nazi.

Les Anglais croyaient encore en leur empire et en leur livre-sterling tandis que les Français avaient piteusement perdu la guerre et confié les rênes à un gouvernement de collaborateurs.

Les Américains savaient qu'ils seraient les vainqueurs.

Keynes était le représentant du Trésor Anglais mais sa proposition d'émettre une monnaie internationale, le ***Bancor***, ne remettait pas en cause les monnaies privées mises en place par les grands commerçants – banquiers.

Sa monnaie internationale ne devait donc pas reposer sur une nation mais sur des monnaies bancaires privées, loin des yeux des administrations nationales du Trésor.

Le débat fut vite clos par Harry-Dexter WHITE, représentant des Etats-Unis qui imposa le dollar comme monnaie de réserve – à côté de l'or – pour l'ensemble des participants.

Les accords de Bretton Woods ont été signés après trois semaines de débats entre 730 délégués représentant l'ensemble des 44 nations alliées, parmi lesquelles une délégation soviétique.

L'organisation monétaire mondiale avait pour but de favoriser la reconstruction et le développement économique des pays touchés par la guerre.

Elle se traduisit rapidement par la création du Fonds Monétaire International (FMI ou IFM en anglais) et par la Banque Internationale pour la Reconstruction et de Développement (BIRD ou IBRD en anglais) le 27 décembre 1945 qui devint une « agence spécialisée de l'ONU ».

Depuis lors, le FMI a été traditionnellement confié aux Européens tandis que la BIRD, devenue Banque Mondiale, a toujours été confiée aux Américains.

La suite ?

Le FMI est le bras droit des banques commerciales tandis que la Banque Mondiale est celui des multinationales (américaines au départ) qui dans la foulée voulaient créer un troisième organisme, chargé du commerce international.

Mais en l'absence d'accord, cet organisme a vu le jour bien plus tard, le 1° janvier 1995, avec la création de l'***Organisation Mondiale du Commerce*** (OMC).

b) Bretton-Woods : la BRI « punie » par les Américains.

La BRI n'a pas participé aux discussions.

Par contre, pour « accompagner » les plans de reconstruction américains, la BRI était encore là, tapie dans les buissons.

En effet, les banques commerciales européennes se sont tellement enrichies durant ces périodes que, dès les années 1950 – 1955, elles étaient devenues les principaux créanciers en dollars des Américains.

c) Le Marché de l'Euro-Dollar.

Ce marché fut même créé de façon très discrète par les banques anglaises en 1950 pour éviter le rapatriement et l'imposition aux Etats-Unis des multinationales américaines.

Toutes les banques européennes, sous l'impulsion de la BRI, ont fait décoller ce marché des dollars baladeurs dès 1970 mais surtout dès le premier choc pétrolier (1973-1978).

d) La Mondialisation Heureuse.

Une stratégie américaine.

La financiarisation de l'Economie Réelle a démarré avec la Banque Mondiale, mise en place pour *« lutter contre la pauvreté »* (?), et pour viser son *« objectif de croissance économique »* (son seul objectif annoncé au départ).

Ce fut aussi l'époque des « grandes marques » américaines dans l'agro-alimentaire et les produits ménagers mais ce fut aussi le point de départ de la course à « la grande distribution » de type américain.

Localisation du GATT : Genève la vertueuse.

Le GATT ou *« Accord Général sur les Tarifs Douaniers et le Commerce »* (en français) avait été signé le 30 octobre 1947 par les 23 pays économiquement les plus dépendants des aides à la reconstruction, pour une application le 1° janvier 1948.

Ce fut le début d'une curée pour les multinationales américaines qui se traduisit par les nombreux **« cycles de négociation »** pour la suppression progressive des droits de douane et pour **« la liberté de commerce »**.

Rapidement, les Européens ont copié ce modèle en créant des groupes industriels ressemblant à des conglomérats, toujours déstabilisés par les ventes à la découpe des activités des entreprises et leur organisation militaire en « divisions ».

Les « groupes » français ont vite été dirigés par des hauts fonctionnaires politisés tandis que les groupes allemands furent reconduits sur les mêmes bases familiales que celles qui avaient coopéré avec Hitler.

Cette source de plus-values gigantesques pour les banques attira de plus en plus les assureurs et leurs fonds de pension.

En Europe, les investissements en R&D ne présentent plus aucun intérêt pour ces grands prédateurs.

e) Le Grand Echec Européen.

En fait, le GATT a détruit peu à peu le tissu commercial et industriel de tous les participants, jusque-là très bien réparti dans les régions.

Preuve à l'appui : 90% des oligopoles mondiaux sont Non-UE.

Le grand échec européen peut se constater en reprenant les **dix premières multinationales dans chaque secteur économique**.

Première source d'inquiétude : aucune entreprise du secteur alimentaire ne fait partie de l'Union Européenne actuelle.

Parmi les secteurs dans lesquels les Européens sont bien présents.

- Automobile : un seul groupe (VW) non aggloméré internationalement.
  Stellantis est le numéro 4, mais c'est une société italo-franco-américaine.
- Chimie avec BASF Allemagne (N°1) et INEOS France (N°4).
- Luxe non habillement (parfums, maroquinerie, autres) : France et Italie.
- Luxe et Cosmétique : les réussites françaises avec l'Oréal, Séphora, LVMH.
- Habillement Sport : Adidas Allemagne, produits sous-traités en Asie.
- Boissons alcoolisées : Belgique, Pays-Bas et Danemark (bières) ; Pernod Ricard (alcools) ; groupe Castel France (Vins, bières et autres).
- Produits laitiers : Lactalis (France), Danone (France) Friesland Campina (NL), Aria Foods (Danemark, Suède).
- Aéronautique avec EADS N°1 mondial, dont fait partie Airbus.
- Espace avec l'ESA (22 pays UE), 3° agence mondiale derrière les Etats-Unis et la Chine.
- Transport maritime, avec CMA- CGM, France.
- Finances : banques avec BNP-Paribas et Crédit Agricole.
- Assurances avec Allianz et Axa.
- Energies : sociétés gazières et pétrolières, à part Total-France, détenu par tous les fonds de pension et sociétés d'asset management.
- Parmi les grands groupes de grande distribution, les Allemands (sans bilans) ont imposé leur modèle du hard discount au détriment de la qualité et de la diversité dans l'alimentation : Aldi, Lidl, Mere, Netto, Norma, Penny, …

Les secteurs où l'UE est (un peu) présente.

- Horlogerie de Luxe avec Cartier, France, …
- Restauration avec un seul groupe : Sodexo (France) et la restauration collective.
- Hôtellerie avec un seul groupe : Accor France.
- Biens Equipement des ménages : Bricolage avec Adeo, maison-mère de Leroy Merlin, Groupe Mulliez - Auchan, produits sous-traités en Asie.
- Transport : compagnies aériennes, avec Ryanair, entreprise low cost.
- Electro-ménager, avec Electrolux et Seb, vendant des produits sous-traités en Turquie et en Asie.

- Equipement médical et produits de santé avec Medtronic Irlande (?), Siemens Healthinners en Allemagne et Essilor-Luxotica Italie-France.
- Industrie Pharmaceutique : Sanofi-France, et son modèle peu innovant, est N°5 ; Bayer est N°8 ;
- Divertissement et Culture :
  - Maisons Editions, avec Hachette-France.
  - Jouets avec Lego-Danemark.
  - Télécommunication et télévision avec Altice-France très opaque,…
- Biens d'équipement entreprises :
  - Machinerie industrielle avec Linde AG, Allemagne.
  - Outils électriques avec Schneider-France et ses multiples sous-traitants asiatiques.
- Services aux entreprises : technologies et services informatiques, avec SAP Allemagne et ATOS-France, très mal en point.
- Trading financier avec la haute finance délocalisée.
- Distribution : Carrefour (FR), Auchan (FR), Ahold Delhaize (BE et holding NL) et Casino (en mauvaise forme).

Absence totale de l'UE dans les secteurs suivants.

- Consommation Courante : boissons non-alcoolisées, tabac, …
- Habillement courant : vente de produits sous-traités en Asie.
- Electronique grand public (téléviseurs, ordinateurs).
- Divertissement et Culture : production musicale, jeux vidéo, logiciels, éducation.
- Construction : cimenteries, …

Insuffisance Inquiétante de l'UE.

- Défense avec une présence minimaliste par rapport aux Américains, Chinois et Anglais sauf Airbus, Thalès, Rheinmetall, Dassault Aviation, Naval Group, …
- Haute Technologie avec une présence minimaliste de ASML-NL dans le secteur des machines de photolithographie (base des semi-conducteurs).
- Des dépenses en R&D minimalistes sauf Novo Nordisk en pharmacie humaine (Danemark).
- Une absence quasi-totale des secteurs Data mettant sans cesse au point des logiciels puissants : Intelligence Artificielle, Hologrammes, Réalité Virtuelle, Réalité Augmentée, …

Sans avoir la prétention d'avoir réalisé une liste complète des secteurs, nous pouvons en conclure que l'Union Européenne n'a même pas réussi à décrocher beaucoup de places honorables sur **« les marchés de la mondialisation heureuse ».**

f) Les Régions (intérieures) deviennent des Déserts.

Peu à peu, ce sont les régions portuaires qui ont profité de ces négociations en détruisant les emplois et les revenus des régions intérieures.

Les bonnes habitudes nordiques.

Les pays du Nord ont reproduit leur modèle hanséatique du grand commerce entre amis Protestants, avec les Pays-Bas et les autres pays nordiques, Royaume-Uni inclus.

Avec « la mondialisation heureuse », leur modèle mercantiliste du *« Poor your Neighbours »* a plus que jamais conduit à la multiplication des « comptoirs » qui désormais ont pour vocation d'acheter au meilleur prix des matières premières, des produits semi-ouvrés, des produits finis et même des services afin de les revendre plus cher à leurs voisins et compatriotes.

Hasard ? La « directive Bolkestein » …

Elle vient d'un Hollandais dont l'initiative avait frappé les esprits des Français qui avaient reporté leur colère sur « les travailleurs polonais ».

Aujourd'hui, les contrats de sous-traitance à des entreprises de services sont « invisibles » mais de plus en plus pratiqués dans le transport, les travaux publics et autres services aux entreprises.

A titre d'exemple, des camions polonais sillonnent nos routes, et ils sont conduits par des Ukrainiens qui ne peuvent même pas se payer un sandwich sur les aires de nos autoroutes.

Mais c'est aussi le cas pour l'installation de la fibre, la tenue des comptabilités, la gestion de nos contrats d'assurance au Maroc, les programmations et traitements informatiques en Inde, …

Mondialisation heureuse et Désindustrialisation malheureuse ?

« La mondialisation heureuse » a rapidement déstabilisé les balances commerciales des Etats-Unis et des grands pays du Sud de l'Europe.

Aujourd'hui, plus aucune multinationale européenne ne peut « se passer » des sous-traitances serviles au point que de nombreux secteurs connaissent encore des pénuries de pièces en 2023, trois ans après la crise Covid.

Moins de deux ans après la guerre Poutine, il est encore difficile de livrer des voitures, des machines, des produits manufacturés et même des services parce que tout le système des sous-traitances et des flux tendus est encore perturbé.

La désertification des régions intérieures.

Peu à peu, les régions traditionnellement actives en élevage, en agriculture, en petites industries et en services sont tombées dans un monde disparu parce que, notamment pour les Allemands, les matières agricoles, les porcs, les volailles et les autres produits d'élevage étaient à portée de main de leurs frontières pour les entreprises de transformation.

Oui, nous devons critiquer ouvertement les pays nordiques.

Tous les pays nordiques, en particulier l'Allemagne, développent une image de « pays conquérants et supérieurs », tout en se comportant comme de vulgaires esclavagistes, tandis que le Luxembourg, l'Irlande, les Pays-Bas et la Belgique flamande sont complices de recel de nos recettes fiscales et sociales.

De plus, par le biais du système des partis politiques, la Droite (PPE, RENEW), les Conservateurs (CRE) et les Identitaires (ID) sont majoritaires dans les pays nordiques et dans l'Europe de l'Est, ce qui renforce les choix dogmatiques de l'Union Européenne.

F. L'EUROPE : LA BRI AUX COMMANDES.

a) Tunnel Monétaire et Serpent Monétaire.

Depuis l'abandon de la convertibilité du dollar par Nixon en août 1971, le dollar n'était plus soutenu par les Américains.

Dès 1971, la BRI a donc tenté de maîtriser l'impact de cette décision américaine qui provoqua deux crises pétrolières majeures en 1973 et en 1980 car la réaction de l'OPEP ne s'est pas fait attendre.

> *Vous voulez du pétrole en payant avec des dollars de moindre valeur ? Pas grave ! nous augmentons le cours du pétrole.*

Bien sûr, les cours des matières premières ont explosé eux aussi.

La BRI a mis en place « le tunnel monétaire » mais cette tentative de maîtrise s'est traduite par plusieurs échecs successifs que l'on peut résumer schématiquement : réévaluations de monnaies nordiques, dévaluations de la livre et des monnaies sudistes.

Pourquoi ces échecs du « tunnel monétaire » ?

Les banquiers - fonctionnaires avaient imaginé que les monnaies européennes évolueraient entre elles comme un train ivre, sur des rails allant de droite à gauche (et inversement), sans jamais subir de déraillements.

Dans leur esprit, ce convoi « devait » se déplacer sur une surface plane et leur objectif était de « discipliner » les wagons.

« Le serpent monétaire ».

Les cambistes et arbitragistes ont vite constaté que le convoi ne louvoyait pas de droite à gauche mais plongeait vers le bas car chaque wagon était arrimé au dollar, seule monnaie vraiment internationale.

Les wagons européens n'étaient donc pas embarqués dans un tunnel mais dans un manège de « montagne russe » de fabrication purement américaine : les décrochages étaient réguliers.

Ils ont oublié que l'Histoire compte…

Elle compte bien plus que les décrets et les vues à court terme.

La gestion monétaire n'est pas une arme puissante pour orienter les économies réelles sur du très long terme.

Il n'y a jamais eu de convergence.

Cinquante ans plus tard, le constat est le même : il n'y a jamais eu de convergence des économies européennes, ni avant, ni après la mise en place de ce « Système Monétaire Européen » (SME).

La raison est simple.

Les bateaux placés sur la nouvelle ligne de départ n'étaient pas du tout construits de la même façon, et il n'y avait aucune raison d'assister à une course équitable, celle de la *« concurrence pure et parfaite »*.

C'était une course pour des oligopoles.

Le développement des pays dépend de bien autre chose que de la monnaie : histoire, géographie, infrastructures, éducation et formation, tissu économique existant, mentalité des élites et des possédants, …

Le SME et l'ECU : les belles décisions.

Suite à de nombreuses discussions organisées par la BRI, le Système Monétaire Européen fut signé le 13 mars 1979 avec une innovation importante, la création d'une monnaie commune fictive, l'ECU (European Community Unit).

L'ECU était destiné à « bien attacher les wagons » du nouveau train des monnaies européennes : ils « oubliaient » que le dollar-roi était suicidaire.

Chaque monnaie nationale fut en effet « fixée » par rapport à cette « unité de compte » (unit).

Or, cette monnaie commune, servant de pivot, n'était qu'un vulgaire panier de devises européennes au sein duquel chaque monnaie « pesait » différemment, suivant l'importance économique de chaque pays.

Un peu comme pour un mélange d'épices, il fallait mettre un pourcentage de la monnaie N°1, un autre pourcentage pour la monnaie N°2, et ainsi de suite pour les six monnaies du SME. Au total, on obtenait un mélange de 100%.

Par contre, le dollar était toujours bien là.

Il pouvait même évoluer de plus en plus librement par rapport à l'ECU dans un couloir plus large : de 4,5% (ou 2X2,25%) à 25% (ou 2X12,5%), voire même à 30% (2X15%).

En dollars, le mélange des épices pouvait donc coûter bien plus cher au fil du temps, d'où ces ajustements allant jusqu'à ± 2X15%.

Un manège européen suicidaire.

Avec « parfois moins » et « parfois plus », le manège européen était encore plus dangereux que les « montagnes russes ».

Plus l'ECU montait ou descendait par rapport au dollar, plus les écarts entre les cours de change des monnaies européennes, prises deux à deux, devenaient suicidaires.

Les décrochages n'étaient plus seulement monétaires mais structurels.

Et ils se sont accentués au fil du temps.

Sur le papier, la valeur du dollar importait peu…

La valeur de l'ECU par rapport au dollar était une somme arithmétique de ce panier (somme égale à 100%) mais, à l'intérieur de ce panier, chaque monnaie européenne était « accrochée » aux autres monnaies européennes par des limites hautes et basses à ne pas franchir, fixées à ±2,25%.

Quand j'étais trésorier international en banque, puis en multinationale, je devais prendre les bons risques pour bien gérer séparément les recettes futures et les dépenses futures en monnaies étrangères (stratégie des « leads and lags »).
Pour éviter les erreurs coûteuses, je calculais et je reproduisais chaque jour sur un graphique (pas de tableur à l'époque) les évolutions des cours croisés de chaque couple de monnaies pour « ajuster mes positions ».
Grâce aux graphiques, je pouvais voir les évolutions et anticiper les décisions des banques centrales qui, suite aux accords BRI, «devaient» intervenir dans chaque pays pour éviter les distorsions de leur monnaie nationale contre l'une ou l'autre des monnaies participantes.
Cette stratégie d'anticipation des décisions des banques centrales était systématiquement gagnante et sans risques.

Pour les "grands financiers", l'Écu permettrait une "cohésion" sans qu'il soit nécessaire d'adapter les monnaies nationales.

Par contre, il n'y avait qu'un seul levier dans les cockpits des voitures, les taux de refinancement, et le Grand Prix n'était pas destiné à réjouir les spectateurs.

Les grandes écuries étaient nordiques, et elles le sont restées.

Les autres étaient condamnés à « faire de la figuration », et c'est toujours le cas.

La seule manette disponible était l'ajustement par les taux d'intérêt.

Plus une monnaie est faible, plus elle doit éviter « les sorties de capitaux » (lisez bien : « les sorties de liquidités »), et plus elle doit augmenter ses taux d'intérêt.

C'est une stratégie qui plaît aux banques commerciales puisqu'elles engrangent de plus en plus de « produits financiers ».

Par contre, elle affaiblit encore plus les économies réelles des pays faibles.

Depuis la création de l'euro, ils ont même supprimé cette manette : toute l'Europe doit vivre au même rythme, sans aucune porte de sortie pour les plus faibles.

Seuls les taux d'intérêt varient de pays à pays mais pas pour les banques qui se refinancent toutes au même « taux directeur » de la BCE.

Cette stratégie s'est révélée catastrophique.

Elle s'est révélée catastrophique, même pour les Etats-Unis.

Les Européens se sont contentés d'offrir autant d'écus que de (mauvais) dollars, donc autant de monnaies nationales que de mauvais écus et de mauvais dollars.

En clair, ils n'ont pas voulu laisser flotter le dollar à la baisse.

Ils ont préféré laisser couler les économies européennes au même rythme que l'économie américaine.

Autrement dit, toute l'industrie traditionnelle américaine et européenne est devenue de moins en moins compétitive par rapport au reste du monde.

VOLKER, devenu président de la banque centrale américaine (la FED) en 1979, a définitivement « tué » cette industrie américaine exceptionnelle en adoptant une « politique Hawkish » (politique agressive, actuellement pratiquée par la BCE) et, donc, en augmentant sans cesse les taux d'intérêt pour les porter à 20%.

Volcker a tout simplement assassiné l'Amérique profonde.

La Haute Finance le présente aujourd'hui comme le vainqueur de la *« stagflation »* (une croissance nulle si on déduit l'inflation).

Trente ans plus tard, cette Amérique profonde, autrefois très prospère, est devenue « pro-Trump ».

« Notre » Europe actuelle suit le même chemin avec ses partis d'extrême-droite.

Les industriels qui ont survécu de part et d'autre de l'Atlantique ont « dû » faire appel de plus en plus aux sous-traitances dans les pays asiatiques et, bien sûr, là où les risques (apparents) étaient moindres, c'est-à-dire dans les dictatures les plus répressives.

b) Traité de Maastricht (1992) et IME (1994).

Tout le schéma BRI, imposé et occulté depuis 1972.

Dès 1974, toutes les « instances actuelles » étaient en place :

> *« Le comité le plus connu est le comité de régulation financière internationale dénommé **« Comité de Bâle pour le contrôle bancaire »**.*
>
> *Créé en 1974, il a pour mission de renforcer la régulation des banques et de promouvoir et diffuser de meilleures pratiques bancaires.*
>
> *Son principal objectif est toutefois d'assurer la stabilité du système financier à l'échelle mondiale.*
>
> *À cet effet, il établit des normes internationales dans le domaine du contrôle prudentiel des banques et constitue une instance de coopération internationale sur ces questions ».*

C'est donc en 1988 que naissent les premiers accords de Bâle, communément appelés « Bâle I ».

> *« Son dispositif principal (ratio de Bâle I, dit ratio « Cooke » du nom du premier Président du Comité de Bâle) oblige les banques actives à l'international à détenir un minimum de fonds propres au regard du montant de leurs engagements, l'objectif étant de réduire le risque systémique ».*

Comité Delors (1988 – 1989) : le ver est dans le fruit.

« Le père de l'Europe », comme les médias français aiment le désigner, fut le premier président de la Commission européenne à donner officiellement les clés de l'Europe à la haute finance.

Il nous a également légué une administration pléthorique qui s'est révélée de plus en plus « libre » et « indépendante » au fil du temps.

En effet, la BRI intégra le Comité Delors en 1988 et présida l'ECOFIN (ministres des finances) en obtenant l'intégration de son ex-directeur général, Alexandre LAMFALUSSY, pour mettre en place toutes les fondations de l'euro et de *« la nouvelle Europe ».*

C'est l'ECOFIN qui dirigea le Conseil Européen et donna ses instructions à la Commission, simple courroie de transmission pour « faire les lois » et les faire adopter par le Parlement Européen.

Les décideurs n'ont pas changé…

Et ils n'ont pas changé leurs petites habitudes.

Depuis le TFUE entré en vigueur en 2009, la Commission ne dépend plus (officiellement) du Conseil mais du Parlement tandis que « les petits arrangements » de l'ECOFIN sont désormais préparés par l'Eurogroupe.

Extrait du site de la BCE qui confirme l'importance de la BRI et l'intrusion de la Finance au sein du Conseil Européen grâce à DELORS :

> *« En juin 1988, le Conseil européen a confirmé l'objectif de l'instauration, par étapes, d'une Union Economique et Monétaire (UEM).*
>
> *Il a chargé un comité placé sous la présidence de Jacques Delors, président de la Commission européenne, d'étudier et de proposer les étapes concrètes devant mener à cette union.*
>
> *Ce comité comprenait les gouverneurs des banques centrales nationales de la Communauté européenne ainsi que Alexandre Lamfalussy, alors Directeur général de la Banque des Règlements Internationaux, Niels Thygesen, professeur d'économie au Danemark, et Miguel Boyer, alors président du Banco Exterior de España ».*

La Finance est devenue « le Pouvoir aux commandes ».

La décision « politique » devint officielle le 2 août 1993 lors de la réunion des ministres des finances et ses décisions ont été catastrophiques.

> *« Le 2 août 1993, les ministres des Finances et les gouverneurs des banques centrales ont pris conjointement la décision d'élargir à 15% les marges de fluctuation du mécanisme de change pour les interventions obligatoires tout en laissant inchangées les parités centrales ».*

Autrement dit, le serpent monétaire est devenu un « **boa constrictor imperator** » au diamètre imposant (2X15%) qui, déjà en 1993, forçait les gouvernements à « faire des sacrifices ».

C'est bien cette politique d'ajustement (dénoncée juste avant, dans le paragraphe consacré au tunnel monétaire et au serpent monétaire) qui a écartelé encore plus les trajectoires des économies réelles.

Cette exigence des « sacrifices » est toujours d'actualité.

En effet, selon la BRI, cette politique d'ajustement pouvait être obtenue d'une seule façon :

> *« En orientant leurs politiques vers la réalisation de la stabilité des prix et la réduction des déficits budgétaires, contribuant ainsi au respect des exigences énoncées à l'article 109 J du traité et au protocole pertinent ».*

Tous ces « monétaristes » sont des inconscients : la monnaie n'est pas un instrument important dans une stratégie de convergence des économies.

c) La BRI : « ses » Leaders pour diriger l'IME (1994).

D'emblée, toute la réflexion sur l'euro a été monopolisée par la BRI qui a préparé le Traité de Maastricht et choisi ses leaders.

Le premier président de l'IME, du 1er janvier 1994 au 30 juin 1997, fut Alexandre LAMFALUSSY, un ex-banquier belge (BBL), ex-directeur général de la BRI, néo-libéral pur jus (liberté absolue des capitaux et des marchés financiers) et bien sûr professeur à l'UCL (Université Catholique de Louvain, Belgique).

d) Le Système Dollar des Nouvelles Libertés.

Avec le Traité de Maastricht (1992), les banquiers centraux « internationaux » ont imposé leur ***« système dollar des nouvelles libertés ».***

Les premières réunions de l'IME démontrent à souhait que « le dossier était bien avancé ».

Pour preuve, les banquiers centraux se sont intéressés à l'apparence des billets (meeting du 15 novembre 1994, gardé secret pendant plus de 20 ans).

C'était du marketing pur et simple : ils ont inventé les étoiles, le drapeau, les monuments, la géographie sans limites à l'Est, et tout ce qui pouvait « légitimer » leur euro fort.

Le traité de Maastricht doit également son «succès» à l'innovation d'une Nov'langue (nouveau langage) bien travaillée : il fallait dire ceci mais pas cela.
Et il fallait le dire comme ceci mais pas comme cela.

Les humains ?

Désolé, « les Martiens » n'habitaient pas dans la (future) Zone Euro.

La BCE « oublie » de dire que toutes les décisions avaient été prises par le Conseil, dirigé par l'Ecofin, qui était lui-même présidé par le premier gouverneur de la BCE, Wim DUISENBERG, ex-FMI, ex-directeur des gouverneurs de la BRI en remplacement d'Alexandre LAMFALUSSY, ex-membre du comité directeur du groupe (très secret) BILDERBERG.

En clair, Alexandre LAMFALUSSY et Wim DUISENBERG (« très marqués » par leur passage au FMI), ont été les initiateurs du Conseil de Dublin, les 13 et 14 décembre 1996.

Dans « LES ECHOS », Jean-Michel LAMY nous a dressé un portrait peu flatteur des séances de l'ECOFIN :

« Il y a trop de monde dans la pièce ».

Comment fonctionne-un-ecofin-ce-club-des-quinze, devenu-l'instance-pilote-de-leurope-1046706

e) La BRI : « Institution » ou « Syndicat » ?

La BRI remplit avec succès sa première mission, celle de ***« sauver les banques en toute circonstance*** ».

C'est le fondement même du Néo-Libéralisme.

Les banquiers peuvent prendre tous les risques en toute impunité puisque les gouvernements les renflouent systématiquement pour effacer leurs pertes.

Et donc, pour *« gagner toujours plus »*, les banquiers ont revendiqué *« de plus en plus de libertés »* au point de reléguer « Le Trésor » au second plan dans tous les ministères des finances.

La négation même de la Démocratie.

Désormais, les banques centrales nationales, et bien sûr la BCE, sont gérées par des hauts fonctionnaires ayant obtenu l'agrément de la BRI pour prendre les commandes des finances publiques.

Mieux, elles imposent toutes leurs conditions au Conseil Européen via *« les réunions informelles »* de l'Eurogroupe puisque cette « instance » est directement dirigée par la BRI-BCE.

> En clair, la BRI écrit nos traités, nos lois et nos décrets en siégeant au cœur même de notre système législatif et en faisant assister toutes les équipes de la BCE à toutes ces « réunions informelles » qui ne méritent pas le moindre compte rendu (?).

G. Les « Authorities » et les « Régulateurs ».

Comme nous allons le découvrir rapidement, nous sommes gérés par des ***« Authorities »***, et rien de moins que cela.

Sauf que ces « autorités » ne sont que des syndicats qui écrivent leurs propres traités, leurs propres lois, leurs propres règlements… et qui exigent la publication rapide de leurs décrets par la Commission Européenne.

a) EBA ou ABE.

European Banks Authority (EBA) ou « Autorité Bancaire Européenne » (ABE en français).

> *« L'Autorité bancaire européenne (ABE) est une autorité indépendante de l'UE qui œuvre afin de garantir un niveau de réglementation et de surveillance prudentielles efficace et cohérent dans l'ensemble du secteur bancaire européen.*

Ses principaux objectifs sont de maintenir la stabilité financière dans l'UE et de garantir l'intégrité, l'efficience et le bon fonctionnement du secteur bancaire ».

Les incendiaires osent nous parler d'Autorité, d'Indépendance, de Stabilité Financière et de l'Intégrité du système bancaire.

Nous sommes encore sur Terre ? Non, sûrement pas, puisqu'ils nous parlent de « leur » intégrité.

b) EIOPA ou AEAPP.

European Insurance and Occupational Pensions Authority ou « L'Autorité Européenne des Assurances et des Pensions Professionnelles » (AEAPP en français).

« L'EIOPA (en anglais) est au cœur de la surveillance des assurances et des retraites professionnelles dans l'Union européenne.

C'est une institution de réglementation financière de l'Union européenne.

L'EIOPA a pour mission de protéger l'intérêt public en contribuant à la stabilité et à l'efficacité à court, moyen et long terme du système financier [...].

L'EIOPA est un organe consultatif indépendant de la Commission européenne, du Parlement européen et du Conseil de l'Union européenne.

Elle est l'une des agences de l'UE qui s'acquitte de tâches juridiques, techniques ou scientifiques spécifiques et donne des conseils fondés sur des données probantes pour aider à façonner des politiques et des lois éclairées au niveau de l'UE et au niveau national ».

Bis repetita placent.

Les incendiaires osent nous parler d'Autorité, d'Indépendance, de Stabilité Financière, de « Compétences » juridiques, techniques et même scientifiques, et bien sûr de l'Intégrité du système financier.

Non, nous ne sommes plus sur Terre. Ben non, nous avons décollé. Nous sommes « hors sol ».

c) ESMA - AEMF.

European Securities and Markets Authorities (ESMA en anglais) ou Autorité Européenne des Marchés Financiers (AEMF en français).

> *« L'AEMF [...] vise à* ***favoriser la convergence des autorités nationales compétentes dans l'ensemble des secteurs financiers*** *en travaillant en étroite collaboration avec les autres autorités [...] dans le domaine bancaire (ABE) et des assurances et pensions professionnelles (AEAPP).*
>
> *Bien que l'AEMF soit une autorité indépendante, elle est responsable devant les institutions européennes, y compris le Parlement européen, lorsqu'elle comparaît devant la commission économique et monétaire (ECON) à leur demande d'auditions formelles, devant le Conseil de l'Union européenne et devant la Commission européenne [...].*
>
> *L'ESMA prévoit de mettre en œuvre cette stratégie étape par étape au cours des prochaines années, en se concentrant sur les priorités stratégiques et les facteurs thématiques [...], tout en tenant compte de l'évolution des marchés et des risques émergents, ainsi que des <u>nouveaux mandats juridiques et des ressources disponibles</u> à la fois à l'ESMA et aux ACN ».*

« Bis » ou plutôt « Tres repetita placent ».

Les prédateurs osent aussi nous parler d'Autorité et de leur Indépendance en annonçant dans un langage feutré les nouveaux pouvoirs qu'ils vont obtenir : *« de nouveaux mandats juridiques ».*

Les responsables des crises boursières osent eux aussi nous parler de leur dévouement pour contrôler *« les risques émergents »* (de nouveaux risques pour nous, bien sûr).

En clair, nous sommes plus sur Terre. Nous vivons sur une Planète qui n'est plus du tout la nôtre, celle de la Démocratie.

Désignation des membres de ces « honorables » institutions ?

Ils font tous partie des *« Member States' National Competent Authorities* » (NCAs).

C'est tellement monstrueux que personne d'autre ne peut imaginer cette « auto-présentation ».

H. LEUR LOBBYING.

Ils sont présents au sein du Conseil, au sein de la Commission et au sein de la Commission (parlementaire) des Affaires Economiques et Monétaires (ECON).

Mais cela ne leur suffit pas : ils veulent imposer leurs réglementations au MONDE ENTIER.

a) Conseil de Stabilité Financière.

Le Conseil de Stabilité Financière (CSF) et la GLEIF (Global Legal Entity Identifier Foundation).

> *« Créé en 2009, le Conseil de stabilité financière (CSF) est un organisme international chargé de surveiller et de faire des recommandations concernant le système financier mondial. [...]*
>
> *Il favorise des règles du jeu équitables en encourageant une mise en œuvre cohérente de ces politiques dans différents secteurs et juridictions. [...]*
>
> *Les politiques développées dans le cadre de cet ordre du jour sont mises en œuvre par les juridictions et les autorités nationales.*
>
> *La Charte du CSF a été approuvée par les chefs d'État et le gouvernement du Groupe des 20 [...] ».*
>
> *Notez bien ce « point de détail » : ce sont les organisateurs des G7, des G20 et de toutes les réunions internationales.*

b) International Association of Deposit Insurers.

> *« L'IADI est un forum où les assureurs de dépôts du monde entier peuvent échanger leurs connaissances et leur expertise.*
>
> *Il offre des programmes de formation et d'éducation et produit des recherches et des conseils sur des questions liées à l'assurance-dépôts. Le Conseil exécutif a établi quatre comités du Conseil, ainsi que des comités régionaux pour l'Afrique, l'Asie-Pacifique, les Caraïbes, l'Eurasie, l'Europe, l'Amérique latine, le Moyen-Orient et l'Afrique du Nord, et l'Amérique du Nord. [...] »*

Le monde entier les intéresse…

Ils sont « les missionnaires » de la Sécurité (grâce aux Assureurs)…

> *Mission : « Contribuer à améliorer l'efficacité de l'assurance-dépôts en favorisant l'orientation et la coopération internationale.*
>
> *Objectifs : « Contribuer à la stabilité des systèmes financiers en favorisant la coopération internationale dans le domaine de l'assurance-dépôts [...] ».*

c) International Association of Insurance Supervisors.

« L'International Association of Insurance Supervisors (IAIS) est l'organisme mondial de normalisation chargé d'élaborer et d'aider à la mise en œuvre des principes, des normes et des directives, ainsi que des documents d'appui pour la supervision du secteur de l'assurance.

Créé en 1994, nous sommes une organisation d'adhésion volontaire de superviseurs d'assurance de plus de 200 juridictions, constituant 97% des primes d'assurance mondiales. [...]

En outre, l'Association Internationale des Contrôleurs d'Assurance (AICA) joue un rôle prospectif en déterminant les tendances et les développements clés qui pourraient remodeler l'activité de l'assurance ».

Cela aide nos membres…

« Cela aide nos membres à faire face aux nouveaux risques et défis ».

« À l'heure actuelle, l'innovation technologique (y compris le numérique), le cyber-risque, le risque climatique, la conduite et la culture, l'inclusion financière et le développement économique durable et la diversité, l'équité et l'inclusion sont les nouveaux enjeux sur lesquels nous nous concentrons ».

What else ? Que dire de plus ?

« L'AICA coordonne son travail avec d'autres décideurs financiers internationaux et associations de superviseurs ou d'organismes de réglementation, et aide à façonner les systèmes financiers à l'échelle mondiale (voir notre page Partenaires).

En reconnaissance de notre expertise collective, nous sommes régulièrement sollicités par les dirigeants du G20 et d'autres organismes internationaux qui établissent des normes ».

I. Leurs Alliances.

a) Le FMI.

« Le Fonds monétaire international (FMI) œuvre à assurer une croissance et une prospérité durables pour l'ensemble de ses 190 pays membres. Il le fait en appuyant les politiques économiques qui favorisent la stabilité financière et la coopération monétaire, qui sont essentielles pour accroître la productivité, la création d'emplois et le bien-être économique […].

Que fait le FMI ?

« Le FMI a trois missions essentielles : promouvoir la coopération monétaire internationale, encourager l'expansion du commerce et de la croissance économique et décourager les politiques qui nuiraient à la prospérité ».

Pour l'expansion du commerce ?
Pour la prospérité durable ?
Ou pour la plus grande prospérité des dictatures ?

b) La Banque Mondiale.

Présentation de leurs activités et « missions ».

« Le Groupe de la Banque mondiale est l'une des principales sources de financement et de savoir pour les pays en développement.

Il se compose de cinq institutions engagées en faveur de la réduction de la pauvreté, d'un plus grand partage de la prospérité et de la promotion d'un développement durable ».

1. *« La Banque internationale pour la reconstruction et le développement (BIRD) est une « coopérative » mondiale qui appartient à ses 189 États membres. […] en fournissant des prêts, des garanties, des produits de gestion des risques et des services de conseil destinés aux pays à revenu intermédiaire et aux pays pauvres solvables […] ».*
2. *« L'Association internationale de développement (IDA) est l'institution de la Banque mondiale qui aide les pays les plus pauvres de la planète. Sous la supervision de 174 pays actionnaires, l'IDA vise à réduire la pauvreté en accordant des prêts (appelés « crédits ») et des dons destinés à des programmes de nature à stimuler la croissance économique, à réduire les inégalités et à améliorer la vie des plus démunis ».*

3. *« À l'IFC, (International Financial Corporation), nous travaillons avec le secteur privé pour créer des marchés et des emplois pour les habitants des pays en développement qui en ont un besoin urgent ».*
4. *« L'Agence multilatérale de garantie des investissements (MIGA) a pour mandat de promouvoir l'investissement transfrontalier dans les pays en développement en offrant des garanties (assurance des risques politiques et rehaussement du crédit) aux investisseurs et aux prêteurs.*

   Nos garanties protègent les investissements contre les risques non commerciaux et peuvent aider les investisseurs à accéder à des sources de financement avec des conditions financières améliorées.

   L'organisation internationale dont les actionnaires comprennent la plupart des pays du monde [...] nous permet de fournir un cadre de dissuasion contre les actions gouvernementales qui pourraient perturber les projets, et de contribuer au règlement des différends entre les investisseurs et les gouvernements ». [...]
5. *La DSIC est la principale institution au monde qui se consacre au règlement des différends internationaux en matière d'investissement.*

   Elle possède une vaste expérience dans ce domaine, ayant administré la majorité des dossiers d'investissement international.

   Les États se sont entendus sur le CIRDI (Centre international pour le règlement des différends relatifs aux investissements) comme tribune pour le règlement des différends entre investisseurs et États dans la plupart des traités internationaux sur l'investissement et dans de nombreuses lois et contrats sur l'investissement ».

En langage clair…

Le FMI travaille pour la Haute Finance : c'est la (vraie) banque centrale des banques centrales.

La BRI n'est qu'un simple syndicat professionnel.

La Banque Mondiale a mis en place son tribunal.

La Banque Mondiale travaille pour les multinationales : elle leur sert même de tribunal pour imposer les conditions des « gentils » investisseurs et prêteurs aux gouvernements (réfractaires).

En effet, elle a mis en place un arbitrage privé pour remettre les pays contestataires sur le droit chemin.

Les Banquiers et les Assureurs profitent de ces instances pour « vendre » leurs merveilleux conseils en matière de *« stabilité »*, de *« progrès »* et de *« lutte contre la pauvreté »*.

J. Conclusion.

Ce Monde de la Finance Internationale est en train de s'écrouler.

Désormais, le monde entier est en révolte contre ce Système Monétaire International, dominé par les Etats-Unis, le FMI, la Banque Mondiale et la Banque des Règlements Internationaux.

Les BRICS en révolte représentaient cinq pays en 2023 (Brésil, Russie, Inde, Chine, Afrique du Sud) et environ 3,3 milliards d'habitants.

Six nouveaux pays vont intégrer cette organisation en 2024 avec une population d'environ 400.000.000 habitants : Arabie Saoudite, Argentine, Egypte, Emirats Arabes Unis, Ethiopie, Iran.

Ils vont donc devenir plus puissants que le G7 avec près de 3,7 milliards d'habitants (contre un peu plus de 1,0 milliard).

Il était utile de reprendre l'histoire de la France depuis 1870.

Les livres de Zola et de ses épisodes sur la famille des Rougon-Macquart, dont le dix-huitième ouvrage, « *L'Argent* » publié en 1891, permettent de comprendre que notre Société Européenne a toujours dérivé de la même façon.

Les trafiquants de la monnaie au pouvoir prennent toujours des risques insensés pour *« posséder toujours plus »* et ils s'appuient toujours sur un mélange des genres entre le pouvoir politique, le pouvoir financier et le pouvoir médiatique.

Notre Société actuelle, comme celle de Zola et de Balzac, a accordé une importance démesurée à la Bourse et aux Marchés Financiers en entretenant une fièvre spéculative maladive pour privilégier les plus-values faciles au détriment de « la valeur travail » et de l'effort.

Zola a parfaitement décrit la société de son époque en passant d'un monde à l'autre.

Dans le monde de l'argent, il a décrit la vie facile et outrancière, avec des coups de Bourse, des faux bilans, des manipulations médiatiques, des rumeurs, des scandales, des tromperies balzaciennes *« entre les loups cerviers de la Finance ».*

Dans le monde du travail pénible, il a décrit la vie des pauvres gens réduits à la misère : manque d'éducation, manque de civilités, alcool, prostitution, coups portés contre les femmes et les enfants au sein des familles.

Tout le monde semble oublier la suite terrifiante des « sacrifices indispensables », des oppressions et des répressions, des réglementations liberticides pour les populations et des « nouvelles libertés » pour les « happy few ».

Pire, le monde des puissants de 1870 n'a pas hésité à utiliser les armes contre sa propre population pour se maintenir au pouvoir à partir de 1871.

C'est l'Historien Henri Guillemin qui en a dressé le tableau le plus détaillé au cours de ses multiples conférences, reprises en vidéos.

Il a nous a dépeint à sa façon une classe dirigeante capable du pire pour se maintenir à la tête d'un pouvoir financier sans scrupules, prêt à aller de guerre en guerre.

D'une part, nous pouvons comprendre que les guerres de 1914-1918 et de 1939-1945, ne sont pas dues au hasard puisque les mêmes banquiers et industriels se sont retrouvés en face à face pour assouvir leur soif insatiable de domination, avec leurs conquêtes, leurs prédations, leurs mises en esclavage et même leurs assassinats à l'échelle industrielle et mondiale.

Il était important de rappeler que « l'argent » (qui n'est pas « la monnaie ») fait partie de cette culture de l'entre-soi et de l'isolement des classes dirigeantes:

« L'argent n'a pas de couleur et n'a pas d'odeur ».

Il n'a même aucune limite.

Il n'a aucune moralité.

L'argent n'a même aucune frontière.

C'est ce que nous allons prouver de suite.

L'histoire de la BRI est particulièrement glauque.

Ses fondateurs étaient anglais et allemands.

Son premier directeur général était un Nazi de haut rang.

Ils se sont tous distingués par un racisme viscéral à l'égard des Juifs et des Français, ils ont même organisé le pillage de la Belgique en 1914-1918 et de la Tchécoslovaquie en 1939.

Les banques américaines et anglaises ont fermé les yeux devant toutes ces horreurs.

Par la suite, ils ont tout fait pour sauver *«les amis protestants»* et *«couler la France»*.

En fait, leur petit jeu a permis l'arrivée de Hitler au Pouvoir en soutenant un gouvernement allemand réactionnaire et en permettant aux banques commerciales de s'approprier une partie des réparations de guerre au détriment des pays victimes.

Des Français toujours présents à la tête de la BRI ?

Si les banquiers et les hauts fonctionnaires français sont si souvent présents au Conseil d'Administration et à la Direction Générale de la BRI, ce n'est pas non plus un hasard. Ils ont « sauvé » leurs consœurs américaines et allemandes en participant au financement du Plan Young que Hitler a bien sûr refusé d'honorer.

De nos jours, les règles sont celles des banques commerciales françaises et espagnoles.

Plus ces banques ont mis la main sur leurs consœurs étrangères, plus leurs bilans sont devenus importants.

Les banquiers français et espagnols sont ainsi devenus les "Lords of Europe" en occupant les meilleures places au sein de la direction de la BCE.

Les assureurs font partie d'un autre monde.

Leurs règles du jeu sont celles du contrôle des grandes entreprises.

Pour y parvenir, ils ont obtenu toujours plus de privilèges fiscaux et sociaux et, dans le même temps, ils nous accablent de "dépenses contraintes" toujours plus élevées.

Les budgets des ménages sont donc de plus en plus ponctionnés par des contrats d'assurance obligatoires, et nos entreprises subissent des contrôles comptables et techniques de plus en plus nombreux.

La suite a été encore moins glorieuse pour la BRI.

La BRI a été carrément mise au ban public par les Américains lors des négociations de Bretton-Woods.

Par la suite, les banquiers européens ont tellement bien capté les dollars de la reconstruction qu'ils sont devenus les premiers créanciers en dollars des Etats-Unis à partir des années 1950-1960.

Depuis lors, « leur » argent a coulé à flot, et ils nous gouvernent.

Depuis la CECA, c'est la BRI qui a « piloté » toutes les institutions européennes ayant conduit à **l'institutionnalisation de leurs pouvoirs législatifs et exécutifs**.

En effet, depuis la décision de NIXON en 1971 de mettre un terme au Système Monétaire International de Bretton-Woods, la BRI s'est employée à bâtir une Europe complaisante à l'égard de la Haute Finance.

Désormais, la BRI-BCE est carrément installée au cœur du Consilium pour écrire nos Lois et pour les faire exécuter.

Elle a donc obtenu la mise en place d'une monnaie commune, puis d'une monnaie unique reposant toujours sur les mêmes bases :

- **L'indépendance** de la Haute Finance ;
- La banalisation des **enrichissements sans cause** ;
- Le discours permanent sur les **« sacrifices indispensables »** à imposer aux peuples « responsables de tant de dettes publiques ».

Pour mieux vendre ses « réformes sacrificielles » …

La Haute Finance nous vend ses réformes en invoquant toujours les « concepts » de stabilité et de progrès, alors que justement les citoyens voient se dégrader leurs finances publiques, leurs services publics et leur situation personnelle.

Au fait, « stabilité » et « progrès » sont incompatibles.

On n'avance pas si on reste sur place.

Seuls, les banquiers et les assureurs savent gérer « le » vocabulaire approprié… pour créer l'instabilité.

Mais, au fait, les financiers ont-ils vraiment apporté « la croissance » ?

Cette question mérite d'être posée mais elle ne l'a jamais été : elle est étouffée dans l'œuf par un immense consensus politique et médiatique.

Non, ce genre de question n'a pas sa place en Europe.

Si vous la posez, c'est pour *« détruire le (beau) projet européen »*.

Vous faites partie des *« ennemis de la démocratie »*.

Vous êtes un *« dangereux populiste »*.

Et vous êtes immédiatement rejeté aussi bien par les médias que par les maisons d'édition au service du Pouvoir.

PARTIE III : GESTION DESASTREUSE DE L'EURO.

A. Privilèges Ruineux de la Haute Finance Européenne.

a) Evaluations (uniquement) pour la Zone Euro…

Ces évaluations ne pouvaient être faites que pour la période allant du 1° janvier 1999 au 31 décembre 2022, et uniquement pour la Zone Euro.

En effet, il est pratiquement impossible (pour une seule personne) de reconstituer toute la période 1970 – 1998 pour les vingt-sept pays concernés avant d'agréger de différentes façons autant de chiffres, tous publiés dans vingt-sept monnaies nationales.

Mieux, la plupart des chiffres nécessaires pour des évaluations fondées ne sont pas homogènes, ou n'ont jamais existé, ou n'ont jamais été publiés, et la plupart d'entre eux ont tout simplement disparu.

Pour les sept pays non-euro de l'Union Européenne, la reconstitution de nombreuses statistiques avant 1998 s'avère encore plus épique car, même en 2023, leurs administrations ne sont pas encore bien rôdées pour intégrer toutes les subtilités statistiques européennes et internationales.

Le Luxembourg n'échappe pas à la règle.

Il ne dispose pas d'une comptabilité publique de niveau européen.

Volontairement ?

Ou involontairement ?

Le doute est permis car la Haute Finance lui confie la protection de ses privilèges sans être beaucoup inquiétée par une administration publique quasiment inexistante.

b) La Meilleure Place… pour Nous Spolier.

Plutôt que de vous noyer dans les chiffres, nous allons vous expliquer ce qui s'est passé, comment la haute finance a profité de sa situation privilégiée au sein de notre système législatif et exécutif pour systématiquement nous spolier.

Par contre, nous devrons quand même évaluer les sommes, qu'ils ont basculées dans nos dépenses publiques et dans nos dettes publiques, pour vous convaincre que le système politique de l'Europe actuelle doit être réformé dans les plus brefs délais.

B. Lancement Officiel de l'Euro (de 1999 à 2002).

a) Contexte.

Explosion des TIC…

Entre 1990 et 1995, toutes les banques américaines et européennes se sont intéressées au développement des sociétés de services dans le domaine des nouvelles **Technologies de l'Information et de la Communication** (TIC) qui a explosé aux Etats-Unis.

A l'époque, les banquiers se précipitaient…

Ils voulaient être présents partout aux Etats-Unis, puis en Europe, pour acheter les actions et financer les entreprises émergentes de ce secteur.

A titre d'exemple, le cours de l'action de Netscape (navigation Internet) a pratiquement triplé en une seule journée, le 9 août 1997. Cette société fait désormais partie du groupe Time Warner mais son activité de navigation Internet survit avec le navigateur Mozilla.

Les raisons de se méfier étaient pourtant évidentes : les innovations de Netscape étaient tellement torpillées par ses futurs concurrents que sa viabilité était déjà compromise.

Entre 1995 et 2000, les promesses de gains dans le secteur des Télécommunications, Informatique et Communication ont attiré de plus en plus de créateurs d'entreprises qui, sans aucun souci, pouvaient financer facilement leurs projets gargantuesques.

La plus grosse faillite de l'histoire américaine a touché WORLDCOM (téléphonie) en 2002 pour près de 100 milliards de dollars : le plus gros scandale dans ce secteur.

En clair, pour répondre aux attentes incongrues des spéculateurs, les dirigeants avaient maquillé les comptes du groupe.

Pendant environ cinq ans, les gains promis par les sociétés du secteur des TIC avaient aiguisé l'appétit d'un nombre croissant d'investisseurs, grands et petits, ce qui s'était traduit par des volumes importants d'émissions d'actions, d'emprunts et de crédits bancaires.

Les faillites ont touché un nombre incalculable de nouvelles entreprises tandis que des entreprises de grande taille ont fait face à des pertes exceptionnelles après avoir surpayé leurs nouvelles acquisitions : AOL, Lucent, Cisco Systems, Sun Microsystems et bien d'autres ont été trop gourmandes.

ENRON, dans le secteur de l'énergie, a fait partie de ces entreprises sans scrupules qui en étaient arrivées à publier des faux comptes pour attirer les investisseurs.

Ce fut également le cas pour Global Crossing, Qwest et tant d'autres, même en Europe, où des très grosses entreprises ont été *« prises la main dans le sac »* pour la manipulation de leurs comptes.

D'autres entreprises ont été touchées dans le domaine des innovations en matériels divers (électronique, transmissions, recherches médicales) : JPD Uniphase, Xerox, Adelphia, ….

Cette « bulle Internet », la mal nommée, concernait en fait la plupart des secteurs innovants dans lesquels les banquiers européens ont perdu énormément d'argent à partir de 1998.

Elle s'est propagée en Europe avec les abus de Vivendi, Alcatel, France Telecom, British Telecom, Telecom Italia, …

Problème ? Il fallait « sauver les banques ».

Le lancement de l'euro allait libérer le petit monde de la Haute Finance de tous ses soucis.

C'est ce que nous allons expliquer pas à pas.

b) Exercice de Communication : Parfaitement Réussi !

Les cours de conversion des onze monnaies nationales, officiellement retenues pour participer à la Zone Euro, n'ont été dévoilés que le 31 décembre 1998.

Les annonces étaient parfaitement millimétrées en termes de communication :

- Le mystère devait rester entier *« pour éviter les spéculations »* ;
- Il fallait *« attendre les derniers cours de change du marché »* pour les calculer avec la plus grande rigueur ;
- Les conversions devaient même comporter jusqu'à cinq décimales tellement ces calculs avaient été bien « affinés ».

Tout le monde s'est incliné devant autant de science et de rigueur…

Même en 2023, malgré nos multiples publications et courriers depuis plus de dix ans, le monde médiatique n'a jamais remis en cause les bases de cette conversion de nos monnaies nationales contre cette *« belle monnaie toute neuve »*.

Et pourtant, ce fut (à l'époque) **la plus grande escroquerie** de notre histoire européenne commune.

c) Cours Forcés et Cours Fictifs.

La distinction mérite d'être expliquée.

Dans le cadre de la création de la Zone Euro, il était normal de retenir le principe d'un « cours forcé » car les monnaies nationales ne pouvaient pas coexister avec l'euro sans créer partout une confusion invraisemblable.

Par contre, cette règle ne s'est pas appliquée dans la réalité.

De son côté, la haute finance a pu agir en toute liberté sur les marchés internationaux (essentiellement américains) dès le 1/01/1999.

Au contraire, les citoyens européens ont été obligés de garder leurs monnaies nationales pendant trois ans, du 1/01/1999 au 1/1/2002, sous forme de pièces, de billets, de comptes bancaires, de comptes d'assurances complémentaires et autres comptes financiers.

Parlons d'abord des cours fictifs des onze monnaies initiales…

Les cours fictifs, c'est autre chose, et c'est ce que nous allons détailler.

Entre 1960 et 1998, le cours moyen annuel du dollar s'est affaibli considérablement contre le Deutsche Mark (-59%), le Shilling Autrichien (-52%), le Florin (-49%) et le Franc Belge (-28%).

Par contre, il a augmenté contre le Franc Français (+21%), la Pesetas Espagnole (+149%), le Mark Finlandais (+168%), la Lire Italienne (+278%) et l'Escudos Portugais (+526%).

Comme le dollar était la seule monnaie prise en compte sur tous les marchés internationaux, il est facile de comprendre les dégâts occasionnés en Europe par cette évolution disparate de la « monnaie-clé » contre toutes les monnaies nationales européennes.

A fortiori, il est facile d'imaginer la quasi-impossibilité d'accrocher des wagons, aussi mal conçus dès le départ, pour leur faire suivre passivement la nouvelle locomotive, l'euro.

Or, dans les couloirs secrets de la BRI, et donc de la BCE, la décision de surévaluer l'euro contre le dollar avait déjà été prise peu avant septembre 1998.

En effet, l'euro en valeur reconstituée avait chuté de -25% entre fin 1995 et fin août 1998 mais, à partir de septembre 1998, l'euro a explosé de façon inattendue, de plus de 6% jusqu'à son lancement le 1° janvier 1999.

Surévaluation de l'euro de +11,1%.

Le 31/12/1998, les Européens ont découvert <u>les cours fictifs</u> de l'euro contre leurs monnaies nationales.

Par rapport au cours moyen 1998, ces cours affichaient une surévaluation de +11,1% en général mais de +11,5% pour la lire italienne et de +12,5% pour la livre irlandaise.

Surévaluation de +16,5% par rapport au cours du 31/12/1998.

Selon la version officielle, il fallait *« attendre les derniers cours de change du marché »* pour calculer les cours forcés avec la plus grande rigueur.

Pour mémoire, le dernier marché des changes s'est tenu le 31/12/1998 vers 16H00 pour nos monnaies nationales : le dollar avait encore baissé par rapport à sa moyenne annuelle 1998.

Ce sont bien sûr ces derniers cours de nos monnaies nationales contre le dollar qui auraient dû être retenus pour fixer les cours obligatoires de conversion en euro car il n'y avait aucune raison de les dévaluer de -16,5% en une seule nuit.

En effet, ces cours réels du 31/12/1998 représentaient la valeur internationale la plus factuelle de : UN EURO = UN DOLLAR.

Cours Fictif et Surévalué : perte immédiate de pouvoir d'achat.

En clair, les banquiers, les assureurs et les fonds de pension européens ont ponctionné nos économies de -2.295 milliards euros en une seule nuit, du 31/12/1998 au soir au 1/1/1999 au matin.

De leur côté, les Européens ont eu le sentiment de subir une inflation généralisée après le passage à l'euro…

Mais la réalité est tout autre…

Ils avaient moins d'argent dans leur « porte-monnaie » pour payer des produits et services dont les prix étaient mécaniquement identiques.

- Le 31/12/1998, un Français pouvait remplir son Caddie avec un porte-monnaie de 563 francs français, un Allemand pouvait faire la même chose avec 168 deutsche marks ; un Belge ou un Luxembourgeois avait dépensé 3.465 FB ; un Italien venait de dépenser la somme de 166.153 lires italiennes ; un Espagnol avait dépensé 14.284 pesetas pour réaliser les mêmes achats. Quant au Portugais, il venait de faire la même chose en dépensant 17.237 escudos.
- Au 1/1/1999, les prix étaient mécaniquement identiques mais le portefeuille avait fondu : le français avait payé 656 FF pour 100 euros; l'allemand avait payé 196 DEM; le belge ou luxembourgeois avait «acheté» ses 100 euros avec un prix de 4.034 FB; l'Italien avait été encore plus pénalisé, car il avait payé 193.627 lires; l'Espagnol venait de payer 16.639 pesetas (pour obtenir 100 euros) : le Portugais avait «acheté» ses 100 euros en payant 20.048 escudos

Ils avaient tout simplement moins d'argent pour payer les mêmes produits et services.

- Les Grecs ont été les plus grandes victimes : ils avaient 28.257 drachmes le 31 décembre 1998, et ils pouvaient acheter dix litres d'huile d'olive avec cette somme-là.

  Par contre, le 1/1/1999, ils ont dû payer 38.665 drachmes pour obtenir 100€, ce qui s'est traduit par une surévaluation de « leur » euro de +36,8% en une seule nuit.

En clair, les Grecs ne pouvaient plus s'acheter que six litres d'huile d'olive le 1° janvier (au lieu de dix).

d) Bénéfices Engrangés : Spéculation Contre l'Euro.

Les financiers européens savaient que l'euro avait été fictivement surévalué, et donc ils ont commencé à spéculer dès le mois de janvier 1999 en achetant du dollar à tour de bras.

- L'euro valait 1,111 dollar en janvier 1999 (moyenne mensuelle);
- Il ne valait plus que 0,883 dollar au mois de décembre 2001 (moyenne mensuelle), soit -21%.

Total des pertes, immédiates et différées…

Cette spéculation a représenté un tiers du PNB 1998 des onze pays.

En prenant seulement les patrimoines financiers de ces onze pionniers de l'euro (pièces, billets, comptes bancaires, comptes assurances et comptes-retraites), la perte totale sur trois ans (31/12/1998 – 31/12/2001) peut être chiffrée à près de 5.000 milliards euros (-4.934 milliards au minimum).

Elle a touché les acteurs du secteur non-financier :

- Ménages (-1.962)
- Entreprises (-1.502)
- Gouvernements (-384)
- Reste du Monde (-1.086).

Total des Pertes Financières (pour les secteurs non financiers) : -4.934 milliards euros.

Bien sûr, c'est tout le secteur financier et celui des multinationales endettées en monnaies nationales qui en ont profité :

- Banques et Autres Intermédiaires Financiers (+2.135) ;
- Assureurs et Fonds de Pension (+656) ;
- Finance localisée hors zone euro (+528) ;
- Emetteurs de « titres de dettes » non affectés (+1.615).

Total des Gains Financiers (pour la Haute Finance) : +4.934 milliards euros.

Autres bénéficiaires : les ménages les plus endettés d'Europe...

Ils ont également profité de cette manne.

- Un Français, qui au 31 décembre avait une dette de 655.957 FF pour un prêt (immobilier ou autre), n'avait que 100.000 euros à rembourser au 1er janvier.
  Pourtant, la veille, il avait une dette de 116.496 € soit 116.496 $ (la référence mondiale). Gains : 16.496 €.

- Pour le Belge, ou le Luxembourgeois, sa dette au 31/12/1998 était de 4.033.999 FEB mais est passée à 100.000€ le 1/1/1999. Ce jour-là, il venait de gagner 16.496€.
- Même chose pour l'Allemand et mieux encore pour l'Italien, l'Espagnol, le Portugais, l'Autrichien,…
  Plus précisément, le Portugais avait une dette de 17.237.000 escudos au 31/12/1998 mais cette dette est passée à 100.000 euros au 1/1/1999. Il venait d'économiser 16.496€ ou 16.496 $.

Perception d'une inflation importante par les « Zéro-Landais ».

> Nous les appelons « Zéro-Landais » pour justement mettre le doigt là où ça fait mal : les promesses de croissance et de convergence n'ont même pas été tenues pendant les quatre premières années.

Nous allons donc expliquer pourquoi les Européens ont finalement raison d'accuser l'euro d'une perte de leur pouvoir d'achat de leur « porte-monnaie ».

La Haute Finance a d'abord vandalisé les porte-monnaie.

Nous avons expliqué de façon précise que les Européens avaient raison : ils avaient perdu du pouvoir d'achat à cause des cours fictifs.

> En clair, ils avaient moins d'argent pour payer les mêmes produits et services à un prix mécaniquement inchangé …

Bien sûr, certains commerçants ont profité de cette opportunité pour « arrondir » les prix à la hausse mais c'est un phénomène anecdotique.

En réalité, les commerçants n'étaient pas responsables de cette situation : ils n'avaient pas augmenté leurs prix.

Par contre, les portes-monnaies venaient d'être vandalisés, et les clients étaient surpris de ne plus y trouver la somme nécessaire pour payer le beau rôti du boucher.

> Ils ont dû se contenter d'acheter des saucisses en ayant le sentiment de les payer trop cher.

La Haute Finance a ensuite spéculé contre l'euro introduit à cours fictif.

Le chiffrage de ces spéculations est plus difficile à réaliser…

En effet, les Européens ont payé plus cher leurs importations à partir de 1999.

Durant près de cinq ans (1999 – 2003), les importations européennes ont été de plus de 5.000 milliards d'euros.

C'est sur cette base que nous allons expliquer ce qui s'est passé.

Il s'agit pourtant d'un enchaînement logique de phénomènes qu'aucun media ni aucun économiste n'a identifiés.

En clair, ces importations ont été payées en dollars puisque les marchés des « commodities » (un énorme marché de matières premières, produits semi-ouvrés et autres produits courants) étaient tous côtés dans cette seule monnaie.

Et comme le dollar s'est renforcé de façon fictive…

Rappel : les financiers européens ont fait baisser l'euro, et donc ils ont renforcé le dollar : d'où une hausse des prix des produits importés, et une sous-évaluation des produits et services exportés et facturés en euros.

Les Européens ont bien été victimes d'une inflation générale à cause de ces spéculations mais pas à cause de la mécanique des changes fictifs et forcés.

Cours moyens de l'euro : le marché des changes le prouve …

Oui, le cours d'introduction de l'euro avait été « **forcé** », ce qui était normal, mais il avait été « **fictif** », ce qui avait été anormal : plus de 11,1% par rapport à son cours moyen 1998, et même plus de 16,5% par rapport aux dernières cotations de nos monnaies nationales.

Pendant cinq ans : un euro (réel) faible.

Pour le prouver, nous avons fait la moyenne du cours sur les cinq premières années 1999 – 2003 : l'euro valait en moyenne 0,99246 dollar.

Cette valeur réelle représentait une décote de -12% par rapport à son cours fictif d'introduction le 1/01/1999.

Cette spéculation leur a rapporté (en plus) 600 milliards d'euros.

Le poids pour les consommateurs européens a donc été d'au minimum 600 milliards euros (12% de 5.000 milliards de dollars).

L'introduction de l'euro aurait dû être faite au cours de :

UN euro = UN dollar.

Nous en avons désormais la preuve par les cours réels durant les cinq années suivantes.

Spéculation contre l'euro : « Impact sur nos importations ? »

Cet impact de 600 milliards a été estimé à une valeur minimale car, dans un raisonnement purement logique, le dollar aurait dû poursuivre sa descente aux enfers, et nous aurions payé nos importations bien moins cher.

e) L'Euro trop Cher : Conséquences Économiques…

Les multinationales ont délocalisé leurs productions.

Les entreprises européennes ont déplacé plus de 350 milliards euros en investissements directs dans les pays à bas salaires entre 1997 et 2001 inclusivement.

Cela correspond à la perte de plus de cinq millions d'emplois.

Il faut savoir que la création d'emplois coûte de plus en plus cher.

En effet, il fallait investir de l'ordre de 70.000 euros (en moyenne) pour créer un emploi cette époque.

Il en faut le triple en 2023.

« La concurrence pure et parfaite ».

Dans cette organisation des marchés, nos vrais concurrents ne sont plus Européens, ils sont Asiatiques, Sud-Américains et même Africains.

Avec le temps, ils sont devenus de plus en plus compétitifs dans ce système de *« la mondialisation heureuse »* car, à quelques différences près, ils travaillent avec les mêmes machines, les mêmes outils et les mêmes méthodes que nous.

Et, pour cause, ce sont nos « managers » qui leur ont apporté tout cela.

Nos entreprises doivent donc « investir » beaucoup plus que « les pays émergents » pour simplement vendre les mêmes produits et services à des prix compétitifs et pour « oublier » les différences en matière de salaires et de protections sociales.

De plus, il ne suffit pas d'investir dans des machines de production de biens ou de services : il faut disposer de stocks importants de toutes sortes, accorder du crédit aux clients et parfois payer des avances aux fournisseurs.

A l'inverse, les crédits fournisseurs sont plus difficiles à obtenir, et il faut payer de plus en plus de taxes et cotisations aux administrations.

La différence entre les actifs (+) et les passifs d'exploitation (-) est désignée par « Besoins en Fonds de Roulement » (+) ou (-).

Pour les entreprises confrontées à « la concurrence parfaite ».

Leurs « besoins en fonds de roulement » sont plus élevés.

Dans les pays sous dictature, les salaires, les charges et les cotisations sociales sont bien plus faibles, les marges brutes des entreprises sont meilleures, et donc les entreprises de ces pays sont nos vrais concurrents.

Le prix à payer pour faire partie des oligopoles…

A contrario, plus les entreprises veulent échapper à cette « concurrence pure et parfaite », plus elles doivent réaliser des investissements importants.

En clair, elles doivent :

- Réaliser des investissements financiers (création de filiales, participations financières);
- Réaliser des investissements matériels (usines, machines, équipements);

- Réaliser des investissements immatériels très importants (R&D, organisation, formations, informatique, marketing, dépenses commerciales).

Comment définir un oligopole ?

Ce type d'organisation peut être schématisé en deux chiffres : dix entreprises par secteur réalisent 80% des ventes sur des segments de marché bien précis.

Cette concentration fait (aussi) leur force.

D'une part, il est facile de s'entendre à dix, voire seulement à deux ou à trois, pour manipuler les « irresponsables » politiques et les administrations « complaisantes ».

De plus, leurs « besoins en fonds de roulement » sont moins élevés car ces entreprises font payer leur *« concurrence imparfaite »* par leurs fournisseurs et leurs sous-traitants… mais aussi par leurs clients (qui n'ont pas le choix).

> En bref, les investissements (nécessaires) dans l'industrie et les services sont de plus en plus importants.

C'est vrai pour les entreprises « victimes » de « la concurrence pure et parfaite ».

C'est encore plus vrai dans le cadre des oligopoles qui veulent justement échapper à cette concurrence par les prix.

f) L'Euro trop Cher : Conséquences Financières.

En parallèle, la Haute Finance a spéculé avec nos économies.

Sachant que l'euro serait volontairement dévalué, après avoir été surévalué subitement et fictivement, la Haute Finance a placé nos économies à l'étranger (en dollar essentiellement) sous la forme de détentions de titres (hors actions) :

- Au total, de 1997 à 2000, l'euro s'est révélé trop cher.
  Il a donc « obligé » les multinationales à sortir plus de 350 milliards d'euros de capital pour rester « compétitives ».
  Lisez attentivement : les multinationales ont saisi l'occasion pour s'enrichir encore plus.
- Sur la période 1997 – 2000, l'euro était programmé pour être surévalué : la haute finance a donc infligé « en plus » aux onze pays associés des sorties nettes de liquidités à hauteur de 300 milliards d'euros.

> En clair, les onze pays ont perdu des capitaux colossaux : plus de 650 milliards d'euros en seulement quatre ans.

g) Dégâts Occasionnés à partir de 1997 et 2002…

L'Union Européenne n'est plus que l'ombre d'elle-même.

Les multinationales et la haute finance ont définitivement délaissé tous les secteurs de l'économie réelle, celle des biens mais aussi celle des services.

Les dégâts ont été, et restent colossaux : plusieurs années de pertes en investissements directs, en emplois, en salaires, en cotisations sociales, en revenus pour les Etats, et donc en investissements publics.

Dans les services, toutes les opportunités d'emplois ont été délaissées au profit des Etats-Unis, de la Chine et de l'Inde.

> *« En 2023, l'Union Européenne et le Royaume-Uni étaient absents de toutes les innovations du secteur (très large) de l'Intelligence Artificielle, avec seulement 1173 nouveaux brevets déposés sur 62.264. Evidemment, les grands acteurs ont été la Chine (35.315), les Etats-Unis (12.077) et le Reste du Monde (13.699) ».*
>
> (Source : Visual Capitalist, 24 avril 2024).

h) Coûts Directs de l'Introduction de l'Euro.

L'introduction de l'euro pendant cinq ans (1999-2003) a concerné les onze pays fondateurs.

- Elle a coûté financièrement près de 2.300 milliards d'euros aux Européens de la Zone Euro à cause des cours fictifs qui ont ravagé nos patrimoines financiers en une seule nuit.
- Elle a continué à réduire nos patrimoines financiers pendant toute la spéculation qui a suivi : il fallait cotiser plus, et recevoir moins avec des mauvais euros.
  Le coût est estimé à 2.700 milliards d'euros.

Total des Coûts Directs pour nos patrimoines financiers : 5.000 milliards euros.

i) Coût Indirects de l'Euro Fictif.

En fait, l'introduction de l'euro à cours fictif a coûté bien plus que 5.000 milliards euros car la manipulation des cours par la haute finance a encouragé les multinationales à délocaliser de plus en plus de productions dans les pays à bas salaires.

Or, n'oublions surtout pas que tous ces pays sont soumis à des dictatures implacables qui nous occasionnent des déficits commerciaux considérables.

A titre d'exemple, la Balance des Biens uniquement avec la Chine nous a coûté -300 milliards en 2022, et ces déficits deviennent de plus lourds à supporter.

Cette évolution depuis plus de 25 ans a surtout occasionné des pertes d'emplois considérables (plusieurs dizaines de millions) qui ont plombé nos budgets sociaux en privant tout le secteur social de cotisations normales, et en lui imposant la prise en charge d'un chômage galopant.

Le chômage déguisé.

Désormais, ce chômage est de plus en plus dilué dans les trappes des « sans droits », des formations inutiles et (en France) dans la trappe des « entrepreneurs forcés ».

En effet, ce sont des fonctionnaires incompétents qui encouragent, « forment » et forcent les demandeurs d'emploi de longue durée à choisir le métier d'entrepreneur individuel.

Evidemment, les victimes font rapidement face aux dures réalités : il faut beaucoup de chances pour réussir.

Très rapidement, la plupart des « entrepreneurs forcés » se retrouvent face à la plus élémentaire des réalités, ils n'arrivent même plus à se nourrir, ni à nourrir leur famille.

Le manque de compétitivité en Europe.

En 2024, nos grands stratèges relancent les débats sur « la compétitivité » en mélangeant des notions micro-économiques et macro-économiques.

La version officielle est la suivante :

> *« Nos entreprises produisent moins parce que nos investissements sont faibles : nos charges sociales sont trop élevées, et donc il faut réduire les droits sociaux ».*

Au niveau macro-économique, ils oublient que les pertes d'emplois dans le secteur privé ont été compensées partiellement par des hausses d'emplois dans le secteur public.

Autrement dit, il y a moins de Produit National Brut par habitant à cause des deux phénomènes : trop peu d'investissements dans le secteur privé et trop de fonctionnaires (centraux) improductifs.

Les conséquences sont désastreuses pour nos entreprises, écrasées par des charges sociales de plus en plus élevées, par des contrôles de plus en plus pesants et par des concurrences de plus en plus déloyales.

Les conséquences sur les retraites.

Elles sont désormais dramatiques pour la plupart des bénéficiaires du secteur privé (mais pas du secteur public) :

- Soit, ils ont connu un chômage durable, et ils n'ont pas cotisé suffisamment;
- Soit, les gouvernements reculent sans arrêt le départ à la retraite des cotisants du secteur privé.

Nos (nouveaux) créanciers sont aussi des dictatures féroces.

Les Etats-Unis et l'Union Européenne ont accumulé tellement de déficits commerciaux vis-à-vis de la Chine et autres grands bénéficiaires de *« la mondialisation heureuse »* que nous devons envisager des investissements militaires colossaux pour nous défendre.

La Haute Finance continue à nous détruire.

Dans le même temps, la Haute Finance a pris goût aux spéculations hasardeuses qui (nous) ont coûté de plus en plus cher.

C'est ce que nous allons découvrir juste après avoir expliqué les causes de « la crise grecque ».

C. La Crise de la Dette Grecque (2003- ∞).

a) Contexte.

La Grèce a organisé les jeux olympiques d'Athènes en 2004.

Il fallait à tout prix que cette manifestation soit réussie pour montrer au monde entier les succès de l'Union Européenne et du (bel) euro.

La fête fut réussie pour les grands groupes des travaux publics européens qui ont créé toutes sortes d'infrastructures inutiles.

Cette gabegie a bien sûr débuté dans les années 1990 par le financement de ces nombreux projets, et surtout par l'émission spectaculaire des Bons d'Etat.

A l'époque, tous ces Bons d'Etat ont été acquis les yeux fermés par les sociétés d'assurance et les fonds de pension, essentiellement méditerranéens.

Or, ils étaient émis avec des coupons très rémunérateurs - justement - parce que la Haute Finance savait que ces projets étaient risqués.

Sur l'entrée de la Grèce en Zone Euro ?

Le 1° janvier 1999, la Grèce ne fut pas admise dans le cercle des pionniers de l'euro pour la même raison (risques connus sur la dette grecque) mais, par peur d'une défaillance, et pour être sous la protection de l'euro, les créanciers ont finalement obtenu l'entrée de la Grèce dans l'euro, juste avant le 1/1/2002.

b) Cours Fictif de la Drachme : l'Horreur Absolue.

En dernière minute, la Grèce a donc été admise dans le cercle du ***« bel euro tout neuf »*** : le dernier cours de l'euro reconstitué au 31/12/1998 correspondait à 282,6 drachmes.

Par contre, la BCE a imposé le cours de 386,6 drachmes juste avant le 1°janvier 2002.

Cela représentait une surévaluation de l'euro de +36,8%.

Les résidents grecs ont pratiquement été ruinés en une seule nuit sur la base de leurs patrimoines monétaires et financiers.

Evidemment, ces pertes financières ont eu un impact sur leurs patrimoines non-financiers.

Plus de 100 milliards volés aux Grecs en une seule nuit.

Cette prédation de leurs économies par la haute finance a coûté plus de 100 milliards d'euros en une seule nuit aux Grecs non-avertis.

Seuls les financiers et la diaspora y ont échappé.

c) Début de la Crise Grecque.

La crise grecque a officiellement débuté deux ans plus tard.

L'économie grecque ne pouvait pas aller bien loin avec des conversions en euros qui avaient fait disparaître 37% des économies et des revenus de la population, de ses petites entreprises et petits commerces.

La BCE de J.C TRICHET a fait semblant...

Elle a comblé régulièrement ce manque de trésorerie entre 2002 et 2010 avec sa *« politique non-conventionnelle »* (fausse monnaie).

Le FMI à la rescousse ...

Le 19 mai 2010, le FMI a finalement été « appelé au secours » pour prêter 110 milliards d'euros sur trois ans à l'Etat grec.

Ce prêt a servi à racheter les Bons d'Etat acquis par les assureurs européens, majoritairement italiens, espagnols et français, car l'Etat grec ne pouvait même plus payer les intérêts annuels de ces Bons d'Etat.

d) Des Jeux d'Écriture entre Banques Centrales.

Bien loin d'aider l'Etat grec, ces 110 milliards d'euros ont été virés sur le compte détenu à la BCE par la Banque Nationale de la Grèce... qui les a aussitôt reversés aux « assureurs victimes ».

Ces fonds n'ont même pas franchi la frontière de la Grèce.

Par contre, les économies, volées aux Grecs avant le 1°janvier 2002, sont devenues des dettes publiques accompagnées d'un plan d'austérité qui a étouffé encore un peu plus la population et l'Etat grec.

Il fallait sauver les assureurs...

Déjà dit (mais ce petit rappel est utile) :

- Les assureurs « victimes » étaient (essentiellement) français, italiens, espagnols et portugais.
- Nous venons de l'expliquer, les liquidités disparues avaient servi à rembourser essentiellement les assureurs et les fonds de pension des pays méditerranéens.

e) Coût (minimaliste) de l'Euro pour les Grecs.

Il fallait bien sûr que les Grecs paient le prix fort de ces renflouements.

A partir de 2010, ils ont subi le démantèlement des biens publics (dont la vente du port d'Athènes aux Chinois) et des systèmes sociaux.

Une très grande misère a touché le peuple grec…

Ce peuple a souffert dans l'indifférence générale.

Mieux encore, il souffrait du mépris de Wolgang SCHAÜBLE, qui aurait dû se souvenir des nombreuses spoliations nazies en Grèce avant de propager la haine dans la presse populiste allemande.

Coût de l'euro pour les Grecs : plus de 400 milliards euros.

Comment reconstituer ce chiffre ?

- 100 milliards euros (cours fictif)
- 110 milliards euros (prêt FMI)
- 290 milliards euros (détérioration de la balance commerciale).

  Entre 1992 et 2014, ….
  - La balance commerciale de la Grèce est passée de -10 Md€ en 1992 à -26 Md€ en 2002 ;
  - Puis à -45 Md€ en 2008 ;
  - Toujours déficitaire de -30 Md€ de 2009 à 2014.

En clair, **« la gestion Trichet – Papademos »** a détruit la Grèce pour plusieurs générations.

f) Les « Grands Financiers » Récompensés.

Jean-Claude TRICHET a été nommé au poste de président de la BCE dès le 1° novembre 2003.

Il avait « liquidé » le Trésor français dont il avait été le directeur (1987-1993) pour attribuer les pleins pouvoirs à la Banque de France, dont il était devenu le gouverneur (1993-2003).

Nec plus ultra, il avait *« soutenu les pauvres investisseurs en bons de l'État grec »* (les assureurs français) en élaborant ce montage des cours surévalués qui a appauvri la Grèce mais aussi les onze autres membres de la zone euro.

Loukàs PAPADEMOS, cheville-ouvrière de cette immense spoliation du peuple grec, a reçu la « promotion méritée » au poste de vice-président de la BCE entre 2003 et 2011.

De son côté, **Vitor CONSTÀNCIO**, ex-gouverneur de la Banque du Portugal et ex-membre du directoire de la Banque Portugaise d'Investissement, a lui aussi été récompensé pour la (désastreuse) gestion de cette banque.

Aujourd'hui, la BPI portugaise est détenue par la « très espagnole » CaixaBank.

C'est cette banque qui a choisi de délocaliser son siège social à Madrid plutôt que de rester à Barcelone, la capitale de la « très contestataire » Catalogne.

Elle est également réputée pour être une usine à licenciements massifs en Espagne.

D. Synthèse : Introduction de l'Euro.

a) Coûts Directs.

- Nos patrimoines financiers ont été spoliés de 2.300 milliards euros en une seule nuit, du 31/12/1998 au soir au 1/1/1999 au matin.
- A partir de janvier 1999, l'euro surévalué fictivement a fait l'objet d'une spéculation financière contre nos patrimoines financiers : il fallait cotiser plus, et recevoir moins avec des mauvais euros.

  Le coût est estimé à 2.700 milliards d'euros.
- Cette spéculation a grevé le coût des importations dollars de l'Euro-11 durant près de cinq ans (1999 – 2003) de plus de 12%, soit une perte supplémentaire de 600 milliards d'euros.
- La crise grecque (12° membre) a coûté au minimum 400 milliards d'euros supplémentaires (aux Grecs).

Cours Fictif et Forcé de 1998 à 2003 ?
Une perte minimaliste de 6.000 milliards euros pour les (seuls) citoyens de la Zone Euro (12) sur le seul volet des patrimoines monétaires et financiers.

b) Autres Impacts Catastrophiques Non-Intégrés.

- **Perte de capitaux productifs** de -350 milliards (investissements directs dans les pays à dictature) entre 31/12/1998 et le 1/1/2002.

Les entreprises ont commencé à délocaliser leurs productions, et la spirale infernale a rapidement accéléré le phénomène de la désindustrialisation.

En 2022, nos multinationales contrôlaient directement plus de 9.000 milliards d'actifs industriels hors Zone Euro et détenaient des participations industrielles minoritaires pour plus de 3.000 milliards, soit 12.000 milliards euros.

- **Perte de liquidités financières**, désormais orientées vers la spéculation à hauteur de -300 milliards entre le 31/12/1998 et le 1/1/2002.

  La Finance a commencé à « exporter » nos économies monétaires et financières pour les transformer en « liquidités tueuses ».

  En 2022, nos financiers détenaient près de 12.000 milliards en obligations privées, Bons Etat et Fonds d'Investissement non-euros.

- Dès le mois d'août 1998, la Finance a « industrialisé » la spéculation.

  En 2022, nos banques centrales, banques commerciales et sociétés financières détenaient des créances spéculatives sur des « véhicules à vocation spécifique » (Special Purpose Vehicules) pour près de 7.000 milliards euros dans les pays suivants : Royaume-Uni (2.000), USA (1.550), Centres Offshore (650), Suisse (450), Japon (350), …

- Des déficits croissants vis-à-vis des dictatures féroces.

  En 2023, les déficits commerciaux seront de plus de 400 milliards euros avec la Chine.

  Ils ont été de 60 milliards d'euros par an avec la Russie entre 2013 (avant l'invasion de la Crimée) et 2018 (avant l'invasion de l'Ukraine en 2022).

Pour la décade à venir, des déficits budgétaires importants sont à prévoir car nous devons désormais nous préparer à des guerres épuisantes face à ces dictatures féroces.

L'énumération et le chiffrage de ces impacts catastrophiques donnent le tournis.

Non, la mondialisation n'a pas du tout été « heureuse » comme l'avait prédit Alain MINC, le bonimenteur français.

E. La Crise des Subprime Mortgage Loans (2006 – 2019).

a) Contexte (Etats-Unis, Europe).

Les principales banques centrales ont toutes suivi la politique généreuse de la Federal Reserve Bank (banque centrale des USA) en matière de taux d'intérêt, toujours à l'affût de liquidités étrangères pour les banques commerciales et pour elle-même.

Il fallait organiser un nouveau « tir au pigeon ».

Après les spéculateurs imprudents sur le nouveau marché des services TIC, la FED a encouragé le marché immobilier américain en baissant ses taux de ±12% en 1991 à ±5% en 2007.

- Elle a d'ailleurs poursuivi cette politique au-delà de 2019 puisque le taux est tombé ±3% en 2022 avant de repartir à la hausse en 2023.
- Une nouvelle crise immobilière va s'imposer dès 2024 non seulement aux Etats-Unis mais aussi en Europe.
- La BCE et la FED suivront rapidement le chemin de la Chine qui paie déjà très cher cette *« politique du chaud puis du froid »* de sa Banque Centrale.

La FED a surtout fermé les yeux sur les nombreuses irrégularités commises par les courtiers et par les banques commerciales : des irrégularités totalement « ignorées » par les deux organismes de refinancement des prêts hypothécaires américains, Freddie Mac et Fannie Mae.

En clair, les courtiers proposaient à des familles d'acheter leur logement malgré des normes prudentielles définies comme étant *« en-dessous de la norme »* : manque d'apport personnel, manque de revenus, emplois précaires.

Ils n'hésitaient pas à leur proposer des prêts allant jusqu'à 150% de la valeur du bien en leur promettant une hausse de l'immobilier si importante que leurs dettes en deviendraient dérisoires.

Une partie de ces financements servait à payer les frais d'acte mais surtout à rémunérer grassement les courtiers, des escrocs pour la plupart.

Pour mieux « faire passer le dossier », ils faisaient de fausses déclarations : sur les revenus des emprunteurs, sur la valeur réelle du bien et sur les contrats d'emploi des emprunteurs.

La suite logique est arrivée dès 2005.

Les remboursements exigés avaient été prévus avec des échéances fortement progressives et, donc au bout de deux à trois ans, les échéances ont doublé, voire triplé : il ne fallait plus rembourser 1.000 dollars par mois mais 2.000 à 3.000 dollars.

Les ménages endettés dans ces conditions sont devenus « hors-jeu » très rapidement.

Leurs biens ont été saisis.

Les malheureux débiteurs ont été mis à la rue.

Ils ont poursuivis par des chasseurs de primes en recouvrement, voire même enfermés comme de purs délinquants au Mississipi.

Les banques menaçaient de faire faillite et les organismes de refinancement ont enregistré des pertes de plusieurs milliers de milliards de dollars.

b) Obama a « Sauvé les Banques » mais ...

Il a « tué » l'Amérique et les Américains.

Pour preuve, la dette publique américaine est en effet passée de 7.000 milliards de dollars en fin 2004 (avant crise) à 10.700 milliards en fin 2008 (juste avant le premier mandat de Barack Obama) puis à 19.977 milliards en fin 2016 (fin de son deuxième mandat présidentiel).

Pratiquement trois fois plus en douze ans !

Depuis lors, l'Amérique est sur la pente de la panique.

La dette publique est estimée à plus de 33.000 milliards pour 2023, et sa tendance pour 2028 est sur la trajectoire de 45.000 milliards.

Autrement dit, depuis 2013, les Etats-Unis fabriquent plus de dettes financières que de richesse nationale.

Même en tenant compte de la suprématie américaine dans les domaines de la technologie et des services numériques, leurs balances de biens et de services n'arrêtent pas de se dégrader pour afficher des déficits abyssaux (près de - 1.000 milliards de dollars par an).

La « subprime crisis » ?

La version officielle de ce cataclysme financier des « subprime » a été édulcorée à -750 milliards de dollars.

C'est pratiquement un non-évènement pour les médias américains.

c) Fed et Trésor : tous les deux en concurrence.

En 2023, Jerome POWEL, gouverneur de la FED et représentant des banques privées, court après les dollars américains et étrangers, et il n'arrête pas d'augmenter les taux d'intérêt pour attirer tous ces dollars baladeurs.

De son côté, Janet YELLEN, directrice du Trésor, s'est déplacée personnellement en Chine en juillet 2023 et le 4 avril 2024 pour *« améliorer les échanges commerciaux »*.

Traduisez bien : J. YELLEN est directrice du Trésor Américain.

Le domaine des « échanges commerciaux » ne fait pas partie de ses attributions.

Elle veut tout simplement éviter une panique financière car, si les Chinois ne renouvellent pas leurs détentions de Bons et Titres du Trésor en 2023 (près de 1.100 milliards), le Trésor américain rencontrera les pires difficultés pour financer sa Dette Publique.

Les multinationales américaines détenaient dans les paradis fiscaux et au Delaware probablement plus de 3.000 milliards de titres gouvernementaux sur un total de 7.400 milliards de dollars en janvier 2023.

Pour mémoire, l'Etat américain du DELAWARE a permis à Joe BIDEN de se construire une longue carrière politique de Sénateur : les Américains ont (encore) fait un mauvais choix pour résoudre leurs problèmes économiques, monétaires et financiers.

La chasse aux multinationales a commencé : MICROSOFT se voit réclamer 28,9 milliards d'impôts et taxes en 2023, hors pénalités et intérêts.

Le combat est tardif (les multinationales exercent ces pratiques depuis plus de cinquante ans), il est incertain (les multinationales savent se défendre) et il est dérisoire par rapport au désastre des 33.000 milliards de dettes gouvernementales.

d) Une Première Menace ? Pour les Américains …

La première menace concerne les Américains eux-mêmes : c'est la menace de nouveaux « shutdowns » dans les années à venir.

Les Républicains sont divisés sur cette question mais les Démocrates ont réussi à augmenter ce plafond au cours de séances de discussions théâtrales pour le dernier risque de « shutdown » le 30 septembre 2023.

Sans l'accord des Républicains pour augmenter le « plafond de la dette », deux millions de fonctionnaires risquaient de ne pas être payés en fin septembre 2023, et les militaires eux-mêmes risquaient de constater des retards importants pour le paiement de leurs traitements.

> *« Plus grave, un « shutdown » mettrait en danger « l'aide nutritionnelle vitale pour près de 7 millions de femmes et d'enfants » qui dépendent du « WIC », un programme « qui concerne près de la moitié des bébés nés dans ce pays », a alerté la Maison Blanche, lundi dans un communiqué ». (La Tribune, le 29 septembre 2023)*

Le représentant républicain, McCarthy, a « sauvé les meubles » en dernière limite mais il y a « laissé sa peau » : du jamais vu aux Etats-Unis, un représentant au Congrès a été destitué le lendemain par ses propres représentants.

Comme d'habitude, le problème de la dette reste entier.

Ce problème devient de plus en plus lourd pour l'avenir même de notre sécurité en Europe puisque, cette fois, la question du soutien militaire à l'Ukraine a fait partie de l'accord politique.

Une bonne nouvelle pour la Russie !

e) La Deuxième Menace ? C'est pour l'Europe....

L'Union Européenne fait partie des principaux détenteurs étrangers de ces Bons (1.500 milliards de dollars) avec le Japon (1.100 milliards).

Si l'on intègre les autres pays européens, dont la Norvège, le Royaume-Uni, la Suisse et autres, les Européens étaient les principaux créanciers du gouvernement américain : ils détenaient plus de 2.600 milliards de dollars.

Les autres détenteurs étaient principalement les multinationales américaines qui détenaient des bons et titres gouvernementaux pour conserver en dollars leurs bénéfices non-déclarés et non-rapatriés.

Des détentions anonymes, bien sûr !

Les risques à affronter désormais ?

En clair, les Etats-Unis sont puissants sur le plan politique, militaire et économique, ils peuvent organiser un « default », et donc déclarer qu'ils ne rembourseront qu'une partie de ces immenses dettes étrangères.

Ces perspectives (pour l'Europe et les autres) sont glaçantes…

Les partenaires commerciaux les plus dévoués (mais grands bénéficiaires actuels des déficits commerciaux) devraient encaisser des pertes financières de plusieurs trillions de dollars.

En même temps, ils subiraient la concurrence d'un dollar dévalué de facto.

Le vrai coût de la crise des « subprime (mortgage loans) », ajouté au coût de « la mondialisation heureuse » ? Ce sont tout simplement la faillite des Etats-Unis et la grande misère pour la majorité des Américains…

Quels sont les risques actuels?

Une Extrême-Droite américaine agressive (guerrière) et une nouvelle « guerre de sécession » …

L'Union Européenne va devoir faire face à elle-même et à la menace d'un dépeçage, favorable aux « enchanteurs » nationalistes sous influence russe et chinoise.

f) Cette Crise était (typiquement) Américaine mais …

Il est peu probable que des financiers européens aient été touchés en direct par cette crise des *« subprime (mortgage loans) »* car il fallait vraiment faire partie du système financier américain pour prospecter dans les quartiers populaires et appâter une clientèle aussi fragile.

Entre 2001 et 2004, les prix de l'immobilier grimpaient régulièrement aux Etats-Unis mais un retournement du marché devenait de plus en plus probable, et c'est ce qui s'est produit à partir de 2005.

Dès que les rumeurs de défaillances ont atteint les milieux financiers américains fin 2005, toute la finance mondiale a rapidement pris conscience que, après l'explosion de « la bulle Internet » en 2001, une crise immobilière se développait rapidement aux Etats-Unis.

En cause, la « merveilleuse politique de la FED ».

Petits rappels : la FED a augmenté son taux directeur de 1% à 5,25% entre 2004 et 2006.

Plus la FED augmentait ses taux, plus les mauvaises nouvelles se précisaient sur le marché immobilier, et plus les marchés boursiers américains devenaient fébriles. A partir de 2007, le chômage avait plus que doublé aux États-Unis : de 4,6% en 2007 à 9,6% en 2010.

La crise des « subprime » devenait une crise économique majeure.

C'est à ce niveau que les Européens étaient le plus engagés.

Sur le marché immobilier lui-même, l'Irlande, le Royaume-Uni, l'Espagne et même les Pays-Bas ont été les plus touchés par la même crise.

Par contre, il faut noter deux décisions gouvernementales opposées : les Pays-Bas ont choisi de sauver les emprunteurs tandis que tous les autres pays ont choisi de sauver leurs banques.

Conséquence ?

Le taux de chômage a plus que triplé en Espagne (passant de 8,3% en 2007 à 26% fin 2012), et il a sérieusement augmenté au Royaume-Uni (de 5,3% en 2007 à 7,9% en 2012).

g) L'Union Européenne, Prisonnière de ses Dogmes ?

Les pertes bancaires sont devenues tellement insupportables en Europe dès le début de 2006 que les gouvernements ont commencé à aider leurs banquiers et assureurs sans en référer à personne.

Or, pour respecter le principe de « *la concurrence libre et non faussée* », les gouvernements ont dû déclarer auprès de l'Union Européenne les aides accordées à leurs banques commerciales (et à leurs assureurs-banquiers).

Par contre, c'est seulement à partir du 1° novembre 2007 que la Commission a commencé à tenir des statistiques sur ce phénomène des *« Aides Etatiques au Secteur Financier »*.

Et donc, contrairement aux Etats-Unis…

Nous avons des chiffres officiels.

Bien sûr, tous les gouvernements ont tenté de les cacher, et ils sont finalement parvenus à camoufler l'ampleur de ces spoliations à un point tel qu'aucun media européen ne s'y est intéressé.

Entre le 1/11/2007 et le 31/10/2019.

Le Conseil Européen a autorisé les Etats-membres à renflouer « leurs » banquiers et assureurs-banquiers avec des **Aides Étatiques Approuvées** considérables :

Zone Euro-20 (4.698,2 Md€).
Autres UE-7 (1.124,0 Md€).
Total UE-27 (5.822,3 Md€).

Ces aides étatiques (approuvées) en quatre catégories.

- Recapitalisations UE-27 = cadeaux définitifs = 758,3 Md€.
- Rachat de créances pourries dans l'UE-27 = cadeaux définitifs = 359,8 Md€.
  Parmi ces rachats figurent les Bons Etat Grec, détenus par les assureurs européens, essentiellement méditerranéens.
- Liquidités fournies par les gouvernements de l'UE-27 = 218,8Md€.
  Cette rubrique dévoile à souhait le comble de ce système : les Etats ont joué le rôle de banquiers pour les assureurs-banquiers. Dans les versions ultérieures à 2017, cette rubrique a disparu : bonne ou mauvaise nouvelle ?
- Garanties Etatiques dans l'UE-27, indispensables pour que la Haute Finance puisse refinancer ses actifs litigieux auprès de la BCE = 4.485.1 Md€.

Total UE-27 = 5.822,3 Md€.

Quels pays ont été les plus généreux ?

Certains pays ont fait de très gros efforts pour « leurs » bancassureurs.

Nous allons les dénoncer.

Première entorse aux règles de la simple moralité.

Tous ces acteurs financiers sont détenus par des « investisseurs institutionnels » européens et non-européens.

Plutôt que de citer la longue liste des Aides Etatiques Approuvées par pays, nous allons aborder ce sujet dans la partie des chiffres officiels annoncés pour les Aides (réellement) Utilisées par pays en introduisant un petit « bémol » : il y a eu des tricheries.

Pour certains pays, ces aides réellement utilisées ont dépassé une année de leur PNB 2007 : Belgique, Danemark, Irlande, Grèce (près de deux années), Chypre, Finlande, …

h) Problème Majeur : Sommes (réellement) Utilisées.

Certains pays ont déclaré n'avoir pas utilisé ces aides étatiques approuvées mais les réalités laissent des traces.

Voici un extrait du rapport établi par le Gouvernement français en 2019 :
https://www.economie.gouv.fr/files/files/directions_services/daj/publications/Vade-mecum-aides-Etat-2020/Fiche-14.pdf?v=1600945214

> *« Dans son tableau de bord des aides d'État, mis à jour en janvier 2019, la Commission présente le montant maximal des aides que les États membres ont été autorisés à octroyer (5.118 milliards d'euros) et le montant de l'aide effectivement décaissée (1.962 milliards d'euros) dans le secteur financier sur la période 2008-2017 ».*

- D'une part, en reprenant les mêmes bases que celles du gouvernement français, vous pouvez constater que les Aides Approuvées ont encore augmenté entre 2017 et 2019 : de 5.118,0 Md€ en 2017 à 5.822,3 Md€ en 2019, ou +13,8%.
- D'autre part, toutes les statistiques et tous les commentaires faits sur les Aides Réellement Accordées nous font croire que la plupart de ces aides ont été remboursées pour -3.156 Md€…
- Et donc, selon la version française officielle , les aides utilisées en fin 2017 ont été de seulement : 1.962 milliards euros.

Comme c'est étrange !

Or, nous le verrons par la suite, la Dette Publique de tous ces Etats-Membres n'a enregistré aucune baisse entre 2008 et 2019.

Il y a plusieurs astuces comptables derrière ces chiffres officiels.

Les aides promises peuvent être « utilisées » de deux façons :

- Par une réduction des impôts, des taxes et des cotisations sociales : les garanties étatiques et/ou les octrois de liquidités par les Etats disparaissent officiellement.
  Par contre, ces aides occultes augmentent les déficits budgétaires et finissent par augmenter la Dette Publique.
  Vous connaissez la suite : il faut toujours « faire des sacrifices » pour « réduire les déficits » et « réduire la dette ».

- Par la remise de Bons d'Etat à titre gratuit : ni vu, ni connu !
  La dette augmente, et les cadeaux promis disparaissent des chiffres publiés par la Direction Générale de la Concurrence (DG COMP ou Directorate-General for Competition).

Pour mémoire, toutes ces aides correspondent à des dépenses annuelles, autorisées ou réalisées dans le cadre des procédures budgétaires européennes (du 1° novembre au 31 octobre de chaque année).

Petit doute : ce sont les Etats-Membres qui fournissent ces chiffres.

La Commission – Direction Générale de la Concurrence - le précise, les chiffres sont fournis par les gouvernements : ils ne sont pas audités.

> Or, les gouvernements peuvent utiliser les deux pratiques décrites ci-dessus pour minimiser leurs aides réelles.

En clair, il est impératif de faire un audit de ces déclarations gouvernementales.

Par ailleurs, un groupe de la bancassurance précis peut très bien avoir reçu des aides étatiques de plusieurs pays à la fois s'il possédait des filiales en Zone Euro et même hors Zone Euro.

> Dans cet esprit, la BNP-PARIBAS a bien profité des aides étatiques belges pour « sauver » FORTIS.
>
> Ce n'est qu'un exemple parmi les filiales « sauvées », au sein de la Zone Euro mais aussi dans les sept pays non-euro.

i) Preuve qu'un Audit est Indispensable…

Il est surtout nécessaire au sein des Etats qui ont manipulé leurs finances publiques et leurs dettes publiques entre fin 2006 et fin 2019.

Aides Approuvées (Autorisées) avant Audit:

- France : -587 Md€
- Danemark : -578 Md€
- Pologne : -337 Md€
- Italie : -196 Md€
- Espagne : -192 Md€
- Allemagne : -149 Md€
- Portugal : -99 Md€
- Suède : -92 Md€
- Finlande : -54 Md€
- Pays-Bas : -50 Md€
- Chypre : -10 Md€
- Hongrie : -7 Md€

Les plus téméraires (ceux qui ont finalement dépassé les autorisations) :

- Irlande : -362 Md€
- France : -171 Md€
- Luxembourg : -15 Md€

Les plus honnêtes (ceux qui ont respecté au plus près les plafonds autorisés) :

- Belgique, Lettonie, Lituanie.

Les pays qui ont dépassé leurs demandes :

- Tchéquie, Bulgarie, Croatie, Autriche, Slovénie, Slovaquie.

Les pays qui n'ont rien demandé, ni rien utilisé :

- Estonie, Malte, Roumanie.

j) Finalement : les Pays les plus Généreux.

Ce sont surtout les gouvernements des pays les plus condamnables.

Les pays suivants ont pu réaliser ces opérations immorales grâce à leurs « irresponsables » politiques.

Vous noterez au passage que beaucoup d'entre eux (et d'entre elles) occupent des postes prestigieux au sein de l'Union Européenne et au sein de la Banque Centrale Européenne depuis la mandature de Jean-Claude JUNCKER (2014-2019), le grand artisan du « sauvetage » de la Haute Finance européenne.

Voici la liste de ces pays qui n'ont pas hésité à « tuer » l'avenir de leur peuple :

- Irlande : 945 Md€
- Allemagne : 663 Md€
- Espagne : 668 Md€
- France : 632 Md€
- Grèce : 626 Md€
- Danemark : 614 Md€
- Italie : 489 Md€
- Belgique : 440 Md€
- Pologne : 337 Md€
- Pays- Bas : 325 Md€
- Portugal : 194 Md€
- Suède : 162 Md€
- Autriche : 125 Md€
- Finlande : 54 Md€

Au total, pour l'UE-27, les Aides Etatiques (réellement) Utilisées par le Secteur Financier ont été de 6.370,4 milliards euros entre le 1/11/2007 et 1/11/2019.

Chaque pays (14 au total) doit donc auditer ses Comptes Publics et sa Dette Publique en partant sur les bases reconstituées.

Cette estimation est basée sur les statistiques fournies par les Etats-Membres, année après année, rubrique par rubrique, pour justifier leurs demandes d'approbation et pour déclarer leurs aides réellement utilisées.

Elle part du principe que toutes les autorisations ont été utilisées, et même que certains pays ont accordé plus d'aides que celles autorisées (les prestidigitateurs).

Il est évident qu'une grande procédure judiciaire doit être engagée contre ces « personnes compétentes ».

Ils ont plongé l'ensemble de l'Union européenne dans l'appauvrissement général des Européens et dans l'horreur de l'extrême droite, soutenue par la Russie de Poutine.

Viktor Orban ne devrait pas devenir le « président tournant » du Conseil en 2024.

Il ne devrait pas recevoir dix milliards d'euros de subventions de l'UE, et surtout pas vingt milliards d'euros en plus (30 milliards prévus au total).

« L'Europe est faible » et Poutine le sait.

k) « Whatever it takes » de Mario DRAGHI.

Les aides étatiques 2006 – 2012 : un ratage complet.

La BCE a perdu le contrôle de la situation dès le mois de mars 2011 : c'est ce que montrent les Graphiques 52 – 57 dans le livre :

« Comment la Finance a tué nos démocraties… ».

Le 26 juillet 2012, Mario DRAGHI a fait son exercice théâtral de « grand financier » en lâchant cette phrase du *« Quoiqu'il en coûte… (il faut sauver l'euro) ».*

Traduction.

L'euro et le Système Monétaire Européen devaient être maintenus à tout prix.

M. DRAGHI n'avait plus le choix : le système européen des banques centrales était en dépôt de bilan.

Cette phrase fut donc le point de départ des sombres tractations menées par J.M BAROSO (aujourd'hui employé par Goldman Sachs), puis reprises par J.C JUNCKER à partir de décembre 2014.

Tous deux, ils ont négocié la prise en charge des pertes de la Haute Finance par les gouvernements.

Entre le mois de décembre 2006 et le mois de décembre 2019, la BCE avait créé de la fausse monnaie à hauteur de 4.000 milliards d'euros pour que les banques commerciales puissent éteindre les incendies provoqués par la crise des « subprime loans ».

Si la BCE a pu créer autant de fausse monnaie…

C'est tout simplement parce qu'elle avait obtenu des garanties étatiques, et donc parce qu'elle avait creusé nos dettes publiques de 4.000 milliards euros : c'est aussi simple que cela.

M. DRAGHI a tout simplement déplumé les peuples.

En contrepartie, les bancassureurs ont « doublé la mise » comme le font pratiquement tous les « malheureux » joueurs de casino.

Par contre, cela ne leur a pas réussi : ils ont donc augmenté leurs bilans de +4.000 milliards euros à +8.000 milliards euros et, bien sûr, ils ont doublé leurs pertes…

Grâce à Mario Draghi, ils ont réussi à basculer toutes leurs pertes dans nos comptes publics.

Un ratage complet … en toute impunité.

En effet, le SEBC a pu enregistrer une hausse de ses fonds propres de +500 milliards entre fin 2006 et fin 2019.

Pendant la même période, les banques commerciales affichaient une hausse de +1.000 milliards euros de leurs fonds propres.

Miracle ?

Non, pratiques mafieuses !

Nos gouvernements sont toujours d'accord.

En contrepartie, nos Dettes Publiques ont bien augmenté de 5.500 milliards pour combler leurs pertes de créances (4.000) et pour reconstituer les fonds propres de la haute finance (1.500).

Tout est rentré dans le « bon » ordre.

Malgré « la crise des subprime », les capitaux propres de la BCE ont augmenté de +253%, et ceux des banques commerciales de +76%.

La Haute Finance pouvait non seulement « oublier » cette crise majeure mais surtout continuer ses jeux de sales gamins…

Le peuple « devait » désormais « **faire les sacrifices indispensables** » pour « **rembourser la dette** ».

F. LA CORONA-CRISE.

a) Contexte (en Zone Euro).

Mauvaise Gestion d'une Pandémie.

En mars 2020, la corona-crise est venue frapper en plein cœur notre société européenne qui était déjà malmenée par les *« réformes indispensables »*, réclamées par les pompiers pyromanes.

En effet, cette pandémie s'est développée sur un tissu social et sanitaire très affaibli depuis que les assureurs ont obtenu la *« libéralisation des soins »* et la mise en place des *« assurances complémentaires santé »* un peu partout en Europe.

Dans les pays européens, le système de santé repose sur trois piliers : les structures ambulatoires (médecins de ville, dentistes, sage-femmes, infirmiers à domicile), le système sanitaire (hôpitaux, cliniques, réadaptation, rééducation) et les structures médico-sociales pour personnes fragiles, âgées ou handicapées.

Tous ces systèmes ont été fragilisés depuis la mise en place des *« complémentaires santé »* imposées aux grandes entreprises par leurs assureurs-actionnaires dans les années 1960, puis carrément imposées à toutes les entreprises de toutes tailles dans les années 2000 (Fillon en France, loi du 30 janvier 2009).

Depuis lors, les travailleurs et les entreprises n'ont pas le choix.

Tout le monde paie sa dîme aux assureurs sauf ceux qui n'ont pas d'emploi ou sont retraités : ils s'excluent délibérément de ce système trop cher (un vrai racket).

En contrepartie, les assureurs ont capté un pactole qui échappe à la Sécurité Sociale et, petit à petit, le système de soins se dégrade.

- Les médecins refusent de s'installer dans les «déserts médicaux» : trop de patients âgés, trop de déplacements, des frais mal remboursés, plus aucune vie personnelle et familiale.
- Les médecins spécialistes ne sont accessibles qu'après plusieurs mois d'attente.
- Les dentistes défendent leur petite chapelle en imposant des tarifs prohibitifs pour des soins que même les assurances complémentaires remboursent au compte-gouttes.
- Les hôpitaux sont dépouillés de moyens, et leurs personnels sont payés au lance-pierres.
- Les maternités sont fermées les unes après les autres.
- Les services de réanimation sont privés de chambres et de matériels.

- Les services de rééducation et de réadaptation sont malmenés au point que les kinésistes sont « contestés » dans de nombreux pays.
- Les services psychiatriques sont complétement dépassés…

b) Les Assureurs …

En face, les assureurs s'organisent.

Ils créent leurs maisons de santé dans lesquelles les médecins et les autres professionnels sont de simples salariés qui reçoivent les patients de façon quasiment anonyme.

Ils créent leurs cliniques privées en imposant des services hôteliers coûteux et des interventions chirurgicales hors convention ou peu remboursées.

Car, miracle, la médecine-à-distance prend une envolée lyrique un peu partout dans le monde en proposant des kits de toutes natures (à prix raisonnable mais en grande quantité) pour surveiller les paramètres biologiques et « les constantes » les plus sensibles (paramètres cardio-vasculaires, paramètres circulatoires, ...).

> *La Chine (fourniture de petits matériels) et les Etats-Unis (fourniture des logiciels et gros investissements) ne nous sont même pas reconnaissants.*

Les assureurs ont bien sûr créé leurs EHPAD (Etablissement d'Hébergement de Personnes Âgées Dépendantes) qui sont devenus des mouroirs à prix de luxe où les personnels sont exploités et où les patients sont nourris au « tarif de cantine ».

c) Les Grands Groupes Américains…

Ils se sont organisés eux aussi.

Ils achètent nos « données de santé » auprès des organismes de santé pour nous vendre cette médecine en kit et à distance que les pharmaciens s'empressent de proposer dans leurs surfaces de vente de produits cosmétiques.

Pour terminer, l'industrie pharmaceutique continue à nous inventer de nouvelles maladies que « les labos » vont soigner à prix conventionné, négocié au prix le plus élevé auprès des hauts fonctionnaires des ministères de la santé ou carrément auprès de la Commission Européenne.

« Madame von der Leyen pourrait voir son immunité levée, et les SMS échangés avec le CEO de Pfizer, Albert Bourla, pourraient être consultés par le juge d'instruction en charge du dossier ».

> *Dans cet esprit, une plainte a été déposée par Frédéric Baldan, un lobbyiste belge accrédité auprès des institutions européennes, le 5 avril 2023* (source EURACTIV).

Conséquence de ce « SMS Gate ?

L'Union Européenne lui a retiré son accréditation de « lobbyiste » dans des conditions peu démocratiques.

> *« Lors d'une conférence de presse à l'initiative de Michèle Rivasi, eurodéputée et malheureusement décédée depuis, Frédéric Baldan a exposé sa démarche et exprimé son incompréhension face à la suspension soudaine de son entreprise du « registre de transparence européen ». (Le Média, 21/12/2023).*

Des labos « perfusés » mais pratiquement en « mort cérébrale ».

Par contre, ces mêmes laboratoires pharmaceutiques se sont tous révélés incapables de proposer des vaccins efficaces contre la pandémie Covid.

En effet, contre les grippes « ordinaires », leurs vaccins sont très moyennement efficaces et, pourtant, ils étaient devenus pratiquement obligatoires avant cette pandémie.

Pour les cliniques privées et les maisons de soins, il y avait un précédent : en Belgique, le système de soins a été phagocyté par les syndicats et leurs « mutuelles » depuis 1906.

Ce système a démontré tout l'intérêt financier de ce système privatisé au point que tous les assureurs européens l'ont bien intégré.

d) Pandémie et Libertés Individuelles.

La gestion de cette pandémie a été désastreuse pour nos libertés.

Nos gouvernants, sous l'impulsion de l'OMS (dénoncée par TRUMP comme trop alignée sur les Chinois), ont vite adopté la stratégie de confinement de la dictature chinoise en oubliant toutes les autres mesures de détection, de prévention et de soins qu'ils avaient mises en place dans la foulée.

En effet, le gouvernement chinois a très rapidement imposé le port du masque après en avoir planifié la production à grande échelle en un temps record.

Dans la foulée, ils ont généralisé la prise de température systématique et la distribution de thermomètres frontaux dans les zones les plus reculées.

Puis, ils ont formé de nouveaux personnels en réanimation après avoir lancé des commandes gigantesques d'appareils respiratoires.

Ils ont accéléré les essais cliniques pour lancer le CoronaVac de SINOVAC BIOTECH (pas très efficace).

Enfin, ils ont créé de toutes pièces des « hôpitaux de campagne » dans les zones les plus critiques et les plus reculées.

En Europe, aucun pays n'a créé d'hôpitaux de ce genre…

Et pourtant l'Armée est partout capable de le faire en moins d'une semaine.

Même en fin 2023, une multitude de matériels et de produits jetables viennent encore de Chine.

Bis repetita placent : aucun groupe pharmaceutique européen n'a été capable de développer des vaccins fiables malgré les cadeaux fabuleux qui leur sont accordés chaque année.

Nos « dirigeants » ont même laissé la société germano-turque BIONTECH se débrouiller toute seule pour lever des capitaux aux Etats-Unis.

PFIZER n'avait plus qu'à cueillir le fruit mûr.

> Enfin, la gestion de cette pandémie a été désastreuse pour notre avenir : cette crise sanitaire est rapidement devenue économique et (à nouveau) financière.

e) « Une Crise (pour une fois) Non-Financière » ?

Voici un extrait du Rapport 2020 de la BCE :

> *« Le choc de la COVID-19 a cependant été de nature plus exogène que les facteurs à l'origine des crises précédentes en 2008 et en 2011-2012.*
>
> *Alors que les épisodes de crise précédents ont été marqués par la prépondérance de problèmes spécifiques au secteur financier, la récession de 2020 trouve sa cause profonde en dehors de l'économie ».*

Or, tout le monde oublie que la sphère financière s'était déjà préparée à un soubresaut dévastateur de « la crise des subprime » à partir de 2020.

« Êtes-vous compétent(e) en numérologie ? »

En janvier 2014, Christine LAGARDE avait même évoqué ses croyances en numérologie devant le National Press Club lors de la séance de présentation des vœux à New-York :

> *« Maintenant, je vais tester les compétences de votre numérologie. [...] et vous demander de penser à la magie du chiffre « sept ».*
>
> *Si nous pensons à 2014. [...], elle (cette année-là) marquera également le 7e anniversaire de la dépression des marchés financiers qui s'est rapidement transformée en la plus grande calamité économique mondiale depuis la Grande Dépression.*
>
> *« La crise est encore bien présente (elle nous lie encore) [...] ».*
>
> *« J'espère et je souhaite qu'après ces sept années misérables [...] nous aurons sept années fortes ».*

Les vaches grasses et maigres (Livre de la Genèse 41, 1-43) de Christine LAGARDE vont et viennent tous les sept ans : c'est même une très bonne analyse pour la Haute Finance de la Zone Euro.

VERY BAD : 1992 – 1998.

La Haute Finance a réussi son coup de maître avec le Traité de Maastricht mais la crise russe de 1998 a balayé LTCM et tous les succès spéculatifs des banques européennes aux Etats-Unis.

VERY GOOD : 1999 – 2006.

Sept années grasses (spoliations lors du lancement de l'euro 1999 – 2002).

La Haute Finance a pu se refaire une très bonne santé.

VERY BAD : 2007 – 2013.

Sept années maigres (crise des « subprime »).

VERY GOOD: 2014 – 2020.

Sept années grasses.

M. DRAGHI, *« le sauveur de l'euro »* a pu basculer 6.400 milliards euros (Aides Réellement Utilisées) de dettes privées dans les Comptes Publics des 28 pays de l'Union Européenne (dont le R.U).

VERY BAD : 2021 – 2027.

La crise en trop vient dévorer toutes les années bien grasses…

> *« Deux ans plus tard, Pharaon eut un songe.*
>
> *Il se tenait debout près du Nil.*
>
> *Et voici que montaient du Nil sept vaches, belles et bien grasses, qui broutaient dans les roseaux.*
>
> *Puis, derrière elles, montaient du Nil sept autres vaches, laides et très maigres. Elles se tenaient à côté des premières, sur la rive du Nil. Et les vaches laides et très maigres mangeaient les sept vaches belles et bien grasses. Alors Pharaon s'éveilla ».*

Voilà donc le point de vue « magique » de notre Pharaonne-à-nous !

Evidemment, le point de vue des populations est « un peu » différent : nos citoyens n'ont jamais connu de **« vaches grasses »** mais plutôt des « **sacrifices à répétition** ».

Mieux, ce sont l'Union Européenne et la Banque Centrale Européenne qui « recommandent » à nos gouvernements de *« reprendre le calendrier des réformes »* dans les meilleurs délais.

En France, tout le monde était sur le pont en mi-2021 : le ministre des finances, la Cour des Comptes, « les partenaires sociaux », les media aux ordres, **…**

Pendant ce temps-là, les comptes de l'Etat français se creusent en surface (3.300 milliards euros en 2024) mais surtout en sous-sol.

D'une part, les retraites des fonctionnaires ne sont pas financées, ni par l'Etat ni par les fonctionnaires eux-mêmes (cotisations inférieures à 7,5% des revenus au lieu de plus de 25% pour les salariés du privé).

Elles batifolaient donc dans les bas de bilan pour une somme de 2.820 milliards d'euros à fin 2020 (dette cachée), en explosion régulière.

Dans les sous-sols de la France, les dettes cachées…

Il y a plus de 4.500 milliards de dettes cachées.

Personne n'en parle.

La vraie dette de la France ? 7.500 milliards euros.

D'autre part, les Ministres des Finances dans tous les pays européens entretiennent des liaisons dangereuses avec la Haute Finance, nous l'avons prouvé.

L'avenir est affolant.

Dernier exemple de ces liaisons dangereuses : le FESF et le MES.

Le Fonds Européen de Stabilité Financière (EFSF en anglais) avait été créé le 11 juin 2010 pour « sauver » l'Irlande, le Portugal, la Grèce et Chypre qui, en fait, avaient sauvé leurs banquiers et leurs assureurs.

Deux ans plus tard, le 27 septembre 2012, ils ont remplacé le FESF (EFSF en anglais) par le Mécanisme Européen de Stabilité (MES ou ESM en anglais).

Pour quelle raison ce changement ?

Le nouveau mécanisme « de stabilité » est destiné au renflouement des banques et non plus des Etats.

Aujourd'hui, sans aucun débat parlementaire européen, le Conseil valide régulièrement des augmentations de capital et des campagnes d'endettement pour « sauver les banques et les assureurs banquiers ».

Ce fonds sert désormais à alimenter le Fonds de Résolution Unique (FRU, ou SRF) qui *« sert de filet de sécurité pour la résolution des défaillances bancaires »*.

La France a été parmi les premiers pays à valider ce cadeau aux banques le 17 décembre 2021 : les banques vont donc être bénéficiaires d'une enveloppe supplémentaire de 68 milliards pour renforcer leurs fonds propres.

Par contre, ce dispositif n'est qu'une goutte d'eau par rapport au projet numérique que nous allons développer dans le prochain chapitre.

Il est grand temps de dénoncer et de combattre ce système des hauts fonctionnaires multicartes, au sein de l'Union Européenne et dans les ministères de chaque pays. **Ils détruisent la société civile un peu plus chaque jour.**

f) Bilan de cette Corona-Crise ?

Les aides étatiques au secteur financier n'ont pas cessé en 2020 et en 2021 : elles ont été principalement attribuées sous forme de garanties étatiques par la Grèce (+60 Md€) et l'Italie (+19,0), soit 79,0 Md€.

D'autres pays ont à nouveau recapitalisé leur secteur financier :

- Pologne (+18,9), Irlande (+1,3) et Italie (+0,1), soit +20,3 Md€.
- Le Danemark a de nouveau racheté des créances pourries à sa haute finance pour 0,3 Md€.

Au total, de nouvelles aides ont été accordées pour 99,6 milliards euros.
Et pourtant, cette crise a de nouveau profité à la Finance grâce au Programme d'Urgence de la BCE, avec 1.850 milliards euros (Emergency Program).

g) Corona-Crise : quelle crise ?

La BCE publie des chiffres « zone euro » sur les actifs financiers des différents agents économiques : ménages, entreprises non financières, haute finance et reste du monde.

Entre fin 2019 et fin 2021, la Haute Finance a augmenté ses actifs financiers de +13.000 milliards euros (+8.000 pour le système bancaire et +5.000 pour les groupes assurances & fonds de pension).

Les entreprises non financières (les moins nécessiteuses) ont reçu tellement d'aides publiques que leurs actifs financiers ont augmenté de +4.000 milliards euros (de 29.000 à 33.000) tandis que les actifs financiers des ménages (les plus riches) ont progressé 3.000 milliards.

Ils ont même augmenté leurs Actifs Financiers.

Total : +22.000 milliards euros.
Une crise (très) profitable (pour eux).

G. Guerre de Poutine : Chiffres 2022.

Pour l'instant, nous ne connaissons que l'impact sur les Actifs Financiers.

Pour la seule Zone Euro, ils ont chuté de -5.300 milliards en une seule année.

Les Assurances et Fonds de Pension ont été les plus touchés (-4.000) ainsi que les Ménages (-1.300).

A partir de 2022, les entreprises, les banques et les sociétés financières implantées sur place ont commencé à liquider leurs usines et participations financières.

Tous ces rêveurs finiront par faire la même chose en Chine : c'est aussi cela, la mondialisation heureuse.

Les conséquences à long et moyen terme sont loin d'être prévisibles.

D'une part, la Russie considère l'Union Européenne comme le ventre mou de l'OTAN.

D'autre part, les Etats-Unis sont présents sur des « théâtres d'opération » de plus en plus absorbants : Mer de Chine, Taïwan, Corée du Nord, Ukraine, Israël, Caucase, Iran, Irak, Syrie, Amérique Latine et tous les autres à venir (Turquie, Afrique du Nord, Afrique Centrale, ...).

La Russie, la Chine, l'Iran, la Syrie et l'intransigeance d'Israël sont de réels sujets d'inquiétude pour « la paix en Europe » : les pyromanes sont partout pour saturer et épuiser l'armée américaine.

L'Europe va payer très cher son « parapluie gratuit ».

H. Conclusion : des « Casses du Siècle » Permanents.

a) Des Spoliations Incessantes par la Finance.

Lancement de l'euro : 6.000 milliards euros.
Crise des Subprime (loans) : 6.400 milliards euros (avec la Grèce).
Spoliations minimales 1999-2022 :
12.400 milliards euros.
Corona-Crise (2020-2021) : 1.850 milliards euros.
Spoliations (estimation minimale 1999-2022) :
13.250 milliards d'euros.

b) Liquidités Presse-Bouton : encore, et encore !

Les discours de notre « pharaonne-à-nous » sont doux comme le miel mais, depuis le début de la corona-crise, la haute finance a encore tiré les bonnes cartes en développant le discours du *« sauvetage de l'économie »*.

Une fois de plus, elle en a profité pour faire le nettoyage de ses bilans en laissant le minimum de traces : opérations non affectées hors zone euro ; prêts & titres Monde non affectés.

Il faudra encore attendre deux ou trois ans avant de connaître la triste réalité car, comme toujours, la Finance avance vers le vide avant de « se faire sauver » par nos gouvernements, sans aucune autorisation des peuples et de leurs parlementaires.

A fin 2022, la BCE (pour la seule Zone Euro) affichait encore un bilan agrégé de près de 12.000 milliards euros dont plus de la moitié était représentée par des créances sur le système bancaire, notamment par des créances sur ses milliers de filiales « spécialisées » au sein de la Zone Euro mais aussi au sein et en-dehors de l'Union Européenne.

Sur 12.000 milliards euros, la BCE détenait moins de 4.000 milliards d'euros de bons d'Etat.

De leur côté, les banques commerciales de la zone Euro affichaient un bilan agrégé qui frôlait (puis dépassait) les 40.000 milliards euros à fin 2022 dont plus de 40% à 50% étaient destinés au système bancaire lui-même, et seulement 40% à l'Economie Réelle.

A noter que les banques commerciales (IFM) ne prêtent jamais aux Etats, et ne détiennent jamais aucun Bon d'Etat : c'est la BRI qui a écrit les traités leur « interdisant de le faire ».

Toute cette « monnaie presse-bouton » va encore atterrir dans nos déficits publics et dans nos dettes publiques d'ici moins de cinq ans.

c) Des Dettes, Toujours Plus de Dettes…

Les Dettes Publiques augmentent sans cesse au point que « nos » financiers parlent désormais de ***« dette perpétuelle ».***

Que ce soit pour une crise typiquement financière, pour « gérer » une pandémie difficilement gérable, ou pour « verdir » notre façon de produire et de consommer, la BCE donne toujours le tempo.

> *« Sans politiques de transition vers une économie plus verte, les risques physiques augmenteront avec le temps.*
>
> *Ils augmenteront de manière non linéaire et, en raison de la nature irréversible du changement climatique, cette augmentation se poursuivra au fil du temps.*
>
> *Il est essentiel d'effectuer une transition précoce et progressive, afin d'atténuer à la fois le coût de la transition verte et l'impact futur des catastrophes naturelles », a déclaré Luis de Guindos, vice-président de la BCE le 22 septembre 2021.*

Entre fin 1998 et fin 2022, nos Dettes Publiques UE-27 ont augmenté de +7.800 milliards euros, dont +7.200 milliards pour la seule Zone Euro-20.

Malgré tout le produit de notre travail, de nos investissements et de nos sacrifices en tout genre depuis l'introduction de l'euro, depuis plus de 25 ans, nous sommes de plus en plus endettés.

Or, tout le monde le sait, personne ne peut vivre sereinement sans être libre financièrement.

En clair, l'euro est une monnaie barbare : il nous torture chaque jour davantage.

d) C'est la Haute Finance qui « fait la Politique » !

En clair, la BCE « devra » prêter encore plus d'argent (de la monnaie presse-bouton, venue de nulle part) mais les Etats-Membres « devront » lui donner leurs garanties.

Le cercle vicieux est installé…

Les peuples sont désormais « dépendants » de la BCE « indépendante ».

> *« La présidente de l'institution, Christine Lagarde, a également confirmé que les rachats de dettes publiques soutenant les Etats allaient se poursuivre. Ceux du programme d'achat d'actifs classique, tout comme ceux du programme d'urgence de 1 850 milliards d'euros lancé en réponse à la pandémie de Covid-19. L'institut de Francfort s'est engagé à maintenir celui-ci « jusqu'à fin mars 2022 » et dans tous les cas, jusqu'à ce qu'il estime que la crise liée au nouveau coronavirus est terminée ». (LE MONDE, le 22 juillet 2021).*

Il en est de même pour le changement climatique : Christine LAGARDE a créé une cellule de crise, **« Climate Change Centre »** dont la mission est purement politique (**ce n'est pas la mission de la BCE)** et dont on connaît déjà la réponse.

> *« 25 janvier 2021 : Nouvelle unité, opérationnelle à partir de début 2021, pour renforcer et rassembler les travaux de la BCE sur le climat. La décision reflète l'importance croissante du changement climatique pour l'économie et la politique de la BCE. Le centre sur le changement climatique façonnera et orientera l'agenda climatique ».*

e) « L'Euro fait la Course en Tête » ?

> *« L'euro s'affirme comme la première devise mondiale dans les émissions d'obligations vertes, renforçant sa place comme monnaie de choix pour la finance responsable, selon un rapport publié mardi par la Banque centrale européenne » (Trends Le Vif, Tendances, 9 juin 2020).*

Première remarque : le « marché des titres de dette » est « réservé » à la Haute Finance et aux gouvernements qui avaient « capté » respectivement 41% et 50% de ce « marché » à fin août 2023.

Les « obligations vertes » sont donc un « nouveau marché » pour les banques mais pas pour les entreprises non-financières.

Deuxième remarque : comme le souligne RECLAIM FINANCE, avec le *« Green Central Bank Scoreboard »* du G20, la BCE et les régulateurs européens n'ont pris aucune mesure pour tenir compte des risques concentrés dans les secteurs les plus émetteurs de gaz à effet de serre (GES).

Autrement dit, le GREENWASHING est la face cachée d'une pure stratégie de dettes infinies et perpétuelles.

f) ***« Game Is Over ! »*** **: le Système est en Bout de Course**.

Les pays sont de plus en plus endettés.

- Les citoyens ne peuvent plus rembourser de telles dettes publiques.
- Cette pandémie a creusé les déficits budgétaires annuels des Etats (plus de 20% pour certains).
- Les pays ne peuvent plus augmenter leurs recettes fiscales alors que les besoins de financements publics sont pressants dans tous les domaines.
- Ils ne peuvent même plus augmenter leur PNB.
- Nous avons montré que l'IPCH a toujours été trafiqué (panier et changements de base) ;
- Le Taux de Pauvreté et le Revenu Disponible Brut prouvent que les populations ont été les grandes victimes.
- En réalité, l'inflation sur 24 ans a été (en moyenne) de 4% à 8% suivant les pays.
- Ils ne peuvent même plus créer de liquidités « nationales » sans provoquer une nouvelle guerre des devises.
- Les peuples sont pressurés, le pire est devant nous.
- Les salariés ne veulent plus travailler pour des salaires de misère.
- Les entreprises américaines et européennes ont aujourd'hui du mal à recruter du personnel pour plusieurs raisons : salaires insuffisants, compétences manquantes, expériences insuffisantes et localisations « concentrationnaires » pénalisantes (déménagements, loyers prohibitifs, …).
- Les administrations centrales font leur sale boulot : elles radient, elles espionnent et elles maltraitent la classe moyenne.
  Elles oppriment même les femmes et les enfants des familles monoparentales.
- Et, comme toujours, les fonctionnaires de l'Administration négocient leur participation à ce jeu de massacre.

Les révoltes ne tarderont pas.

Les néo-libéraux (nordiques) qui nous gouvernent voudront les mâter …

Le pire est à craindre.

PARTIE IV : LA MONNAIE NUMERIQUE.

A. MONNAIE NUMÉRIQUE DE BANQUE CENTRALE (MNBC).

a) Contexte.

La Haute Finance a utilisé toutes ses cartouches pour se « sauver ».

En 2024, elle n'y est toujours pas parvenue.

Elle a donc trouvé une parade momentanée en 2022 – 2024 en annonçant sa *« lutte contre l'inflation »*, ce qui va « tuer » encore un peu plus notre Economie Réelle.

« L'alternative manquée » : nos nouvelles analyses.

En réalité, elle pensait réaliser son projet de « monnaie numérique » dans des délais très courts en s'appuyant sur la BRI et les soixante-trois banques centrales les plus actives.

La crise Covid et Poutine en ont décidé autrement : la politique des taux négatifs avait ruiné les banques centrales, et il était devenu urgent pour elles de « se sauver ».

Par contre, il n'était plus question pour la plupart des gouvernements européens de basculer dans nos finances publiques encore plus de 10.000 milliards d'aides publiques au secteur financier.

Il fallait donc trouver une solution provisoire, la hausse des taux d'intérêt *« pour lutter contre l'inflation »*, avant d'obtenir de nouvelles garanties… européennes.

A ce stade, nous allons donc « ouvrir » cette « boîte noire » de l'euro numérique avant de découvrir que c'est encore une **« course vers le vide »** que la Haute Finance veut nous faire payer.

En clair, « la boîte noire » est encore une « Boîte de Pandore » dans laquelle notre nouveau Zeus, la BRI-BCE, nous a promis d'enfermer tous les maux de l'Humanité, notamment :

> *« la Vieillesse, la Maladie, la Guerre, la Famine, la Misère, la Folie, le Vice, la Tromperie, la Passion, l'Orgueil ainsi que l'Espérance ».*

(Définition de la Boîte de Pandore en Grèce Antique).

Il y manque « la Cupidité ».

b) Un Travail Eprouvant mais Instructif…

Nous avons épluché (et traduit) tous les rapports de la BCE (± 1000 pages) sur ce sujet depuis 2008 : un travail éprouvant.

- Les premiers rapports sont confus : on sent bien que les promoteurs de ce projet ne savent pas ce qu'ils veulent, ou plutôt qu'ils cachent leurs véritables intentions.
- D'emblée, on comprend que ce projet n'est pas celui de la BCE mais celui de la BRI, et cela change tout car, au fur et à mesure, on découvre que soixante-trois banques centrales (les plus importantes) sont impliquées de façon très active tandis que dix-sept autres observent et restent passives.
- Les répétitions sont nombreuses mais, au fil du temps, des nuances apparaissent, et il faut les détecter.
- Par contre, les discours changent suivant le public concerné, et donc une fois le premier travail effectué, il a fallu relire ces discours et rapports pour repérer ces changements.

Bien sûr, nous aurions pu recopier les discours officiels et les comptes-rendus (très simplistes) du « Service Communication » de la BCE mais, vous et moi, nous sommes quand même arrivés à un niveau de méfiance élevé.

c) Première Surprise : une Monnaie Numérique ?

La BRI et la BCE ont déclenché une véritable guerre contre les monnaies numériques, d'abord contre le Bitcoin, puis contre la Libra de Facebook, puis contre toutes les « stablecoins » qui se contentent de « suivre au plus près » le cours des « monnaies FIAT » (le dollar dans 90% des cas).

Et surprise, d'un seul coup, nous apprenons que toutes les (grandes) banques centrales de ce monde veulent introduire une monnaie numérique.

Mieux, la BRI-BCE aurait signé un contrat avec META (Facebook).

Nous n'en savons pas plus que vous mais il y a probablement deux raisons qui aurait conduit à cette « entente cordiale » que nous allons découvrir.

Avant de les évoquer, il faut retenir que Facebook faisait partie de la DIEM ASSOCIATION qui regroupait tous les géants des sociétés de services financiers américaines : Mastercard, PayPal, Coinbase et Bison Trails, ainsi que la société de capital-risque, Andreessen Horowitz.

Cette association était basée en Suisse mais elle fut dissoute suite au départ de tous les membres, laissant Facebook seule maître à bord du bateau.

La DIEM-blockchain, monnaie-mère de Libra, avait été conçue par une filiale de Facebook, Calibra devenue Novi, et cette dernière était dirigée par David Markus qui supervisait également tous les produits de paiement et de services financiers de Facebook.

Il a d'ailleurs dirigé le développement du projet chez Facebook avant son lancement en tant qu'association indépendante mais, avant cela, il avait été vice-président de PayPal, avant d'en devenir le président.

Il avait même fondé un certain nombre d'entreprises, dont la société de paiement mobile Zong qui est devenue l'un des leaders chinois.

DIEM : des relations politiques sulfureuses.

En mai 2020, la Diem Association a nommé Stuart Levey son premier PDG.

Levey était auparavant directeur juridique de la société bancaire mondiale HSBC et, à ce titre, il siégeait au sein du comité exécutif.

Avant cela, Levey avait travaillé pour les administrations de George W. Bush et de Barack Obama en tant que **Sous-Secrétaire d'Etat au Terrorisme et Renseignement Financier**, au sein du Trésor.

La première raison de ce « contrat caché » avec Facebook.

La BRI avait déjà pris peur avec le lancement du Bitcoin, et elle a véritablement paniqué face aux ambitions de Facebook.

La Libra allait mettre le dollar sur la sellette au niveau de sa propre valeur de transaction internationale tandis que les autres monnaies FIAT (dont l'euro) seraient détrônées en tant que monnaies uniques dans leur fonction de transaction nationale.

En effet, personne au sein de nos nouveaux *« Auguste de la Finance »* n'avait imaginé qu'un simple commerçant, prestataire de services, puisse détrôner les banques centrales et même la BRI en offrant non seulement une monnaie de transaction mondiale mais, aussi et surtout, une monnaie de réserve insidieuse.

La deuxième raison est plus « perfide ».

L'association Diem avait un atout dans sa manche.

En tant qu'entité centralisée, elle devait exploiter une unité de renseignement financier d'ordre et pour compte du gouvernement américain et, à ce titre, elle devait surveiller le réseau pour chercher *« toute activité illégale ou néfaste »*.

Cette association s'était donc engagée à travailler avec les forces de l'ordre et les fournisseurs de services Internet pour lutter contre toute utilisation abusive de la plate-forme : une porte ouverte à tous les abus.

Les banquiers ont toujours été aux avant-postes pour préserver leur indépendance et pour camoufler leurs activités suspectes parce que, en aucun cas, personne d'autre qu'eux ne peut « tromper l'Etat ».

En fait personne d'autre qu'eux ne peut tromper tous les gouvernements du monde entier. Or, notez bien que, dans toutes ses déclarations officielles, la BCE déclare haut et fort qu'elle veut lutter contre « le blanchiment ».

Cherchez l'erreur !

d) La Crypto-Monnaie : une Menace ?

Un diable en bicorne entre en scène.

Le grand départ officiel de l'Euro-Crypto, désigné par Central Bank Digital Currency (CBDC) ou Monnaie Numérique des Banques Centrales (MNBC), a été lancé par Benoît COEURE, un produit de la pure « méritocratie française », bardé de diplômes et, bien sûr, un ***« diable en bicorne »***.

> *Je les désigne* ***« diables en bicorne »*** *parce que, même en utilisant une grande cuillère, personne ne peut récupérer le moindre bout de viande ou de fromage dans leurs immenses chaudrons de formules mathématiques.*
> *Ce n'est plus de l'intelligence mais du vice, et ce n'est pas la vocation de cette « Grande Ecole de l'Etat ».*

En effet, il est diplômé de l'Ecole Polytechnique, un profil que les banquiers et les assureurs recrutent à tour de bras pour concocter les formules mathématiques de leurs merveilleux produits de la spéculation et de la spoliation.

B. COEURE s'est exprimé officiellement (pour la première fois) lors de la conférence *« Economics of Payments IX Conference »* à Bâle le 15 Novembre 2018.

Il était à l'époque le directeur de la *« Chair of the Committee on Payments and Market Infrastructures of the Bank for International Settlements »,* Président du Comité des Paiements et des Infrastructures de Marché de la BRI.

Il a clairement avoué que la BRI était déjà sur le pont de ces « réformes indispensables » depuis 2004, cinq ans après « le premier casse du siècle », le lancement de l'euro, et bien avant « la crise des subprime » (2007-2019).

Cette instance sur **« l'Economie des Paiements »** s'inscrit bien sûr dans la logique néo-libérale mondialisée de *« la libre circulation des capitaux ».*

Lisez bien : ***« la libre circulation des liquidités tueuses »***.

Première rencontre (officielle), premier aveu.

Il nous avoue d'abord avoir participé à l'opération de sauvetage des « marchés dérivés » suite au dépôt de bilan de Lehman-Brothers le 15 septembre 2008.

> *« Comme 10 ans se sont déjà écoulés depuis la crise financière mondiale, l'histoire économique nous dit malheureusement que l'après-crise est aussi la pré-crise.*
>
> *Bien que les crises réapparaissent périodiquement, leurs sources diffèrent souvent ».*

Et il enchaîne :

> *« Tout d'abord, tirez les leçons des crises passées et empêchez-les de se reproduire. Le travail de déblaiement central a commencé il y a neuf ans à Pittsburgh et appartient à cette catégorie d'action.*
>
> *Et, deuxièmement, faites attention et préparez-vous à la prochaine crise. »*

Deuxième aveu : la panique de la BRI.

> *« Il y a dix ans, nous avons vu la faillite de Lehman, mais c'est aussi lorsque le bitcoin.org de domaine a été enregistré pour la première fois et que Satoshi Nakamoto a publié le livre blanc Bitcoin original.*
>
> *Quelques mois plus tard, Satoshi a miné le premier bloc dit de genèse et a obtenu une récompense de 50 bitcoins.*
>
> *Le reste appartient à l'histoire, comme on dit.*
>
> *Peu de gens se souviennent que Satoshi a intégré le bloc de genèse avec un titre du Times de janvier 2009 sur le renflouement des banques britanniques.*

Les autres banques centrales et gouvernementales de l'UE-28 auraient-elles échappé à des renflouements de plus de 6.400 milliards euros ?

> *À plus d'un titre, Bitcoin (en majuscule) est le néfaste engendrement de la crise financière.*
>
> *La foudre peut me frapper pour avoir dit cela dans la tour de Bâle mais Bitcoin (majuscule) était une idée extrêmement intelligente ».*

e) Entrée en Scène d'un « professionnel » des Réseaux Secrets.

Fabio PANETTA, le deuxième homme, le plus important dans ce projet.

C'est l'homme parfait de la bancassurance pour « animer » les débats sur l'euro-crypto puisqu'il cumule tous les atouts : économiste, ex-directeur général de la banque centrale italienne (Banca Italia), ex-président de l'*Istituto per la Vigilanza Sulle Assicurazioni* (IVASS, assurances).

Depuis le 1/01/2020, il fait partie de l'Executive Board of the European Central Bank (SEBC - BCE).

Il est aussi membre du fameux ***« Leibniz Institute for Financial Research »***, chargé de « réfléchir » au merveilleux projet de construction d'une *« Sustainable Architecture for Finance in Europe »* (SAFE) avec des « laboratoires de recherches » qui ne surprendront pas nos lecteurs de l'article : Partie II, la France pays le plus riche de l'UE-27.

En effet, au programme des départements privés de « recherches » …

- ✓ *Financial Intermediation (les intermédiaires paradisiaques)*
- ✓ *Financial Markets (les 80 bourses mondiales à écumer)*
- ✓ *Households Finance (« les ménages » à déplumer)*
- ✓ *Macro-Finance (les dogmes à diffuser)*
- ✓ *Le département Money and Finance (les « belles » innovations dont l'euro-crypto est désormais le projet essentiel).*

Toutes ces réflexions utilisent des moyens informatiques colossaux *(« Data Science & Finance »)* et préparent les « décisionnaires » politiques en s'appuyant sur le ***Behavorial Finance***, ou Finance Comportementale (sondages bien orientés, lobbying puissant).

Ce dernier département (Behavorial Finance) est capital puisqu'il va permettre de convaincre le **Consilium** (toujours bien convaincu) de recevoir une nouvelle *« table des lois »*.

Le circuit des décisions est lui-même bien balisé.

Cette « table des lois » est écrite par la **BRI** et mise en place par la **Commission Européenne** (manipulée par les lobbies), théoriquement dépendante du **Parlement Européen.**

Par contre, ce même Parlement Européen est lui-même muselé par le nombre de lois à traiter et par des temps de parole millimétrés.

Fabio PANETTA a officiellement remplacé Benoît COEURE dans ce rôle de mise en place de l'euro-crypto.

Les cigales méditerranéennes vont arrêter de chanter.

Nous allons le voir, le monsieur, très discret par ailleurs, s'est littéralement consacré à la mise en place de ce « merveilleux projet » pour faire « le grand reset » **qui va précipiter les Français, les Italiens et tous les « pays buveurs de vin » dans le trou noir des « pays sacrifiés ».**

> *Pour information, l'Italie est positionnée sur le podium des « pays les plus riches financièrement » derrière la France (N°1) et l'Allemagne (N°2) : c'est normal de « récompenser » les généreux fossoyeurs des finances publiques de la France et de l'Italie en choisissant leurs élites.*

C'est donc essentiellement Fabio PANETTA qui désormais parle de ce projet à divers interlocuteurs en répétant beaucoup trop les mêmes banalités que nos médias retranscrivent in extenso sans aucun commentaire ni aucune critique.

> Or, nous allons le voir, ce projet n'est pas du tout innocent, il est même très dangereux.

B. Qui dit Quoi ? Quand ? A Qui ?

Après une première lecture de plus de 800 à 1000 pages, essentiellement en anglais, nous avons réalisé que, non seulement les discours avaient changé avec le temps (normal dans l'élaboration d'un projet) mais, surtout qu'ils changeaient en fonction des publics concernés.

Cela, c'est « moins normal ».

Nous pourrions comprendre que la BCE et la BRI ne s'adressent pas de la même façon à tous leurs interlocuteurs mais pas qu'elles présentent ce projet en disant la vérité à la Haute Finance et des mensonges à tous les autres.

a) Premier public : la Presse.

La Presse débile ?

> *« Tout comme le timbre-poste est devenu moins pertinent avec l'arrivée d'Internet et du courrier électronique, l'argent liquide pourrait perdre de sa pertinence dans une économie numérique ».*
>
> *« Les ventes en ligne ont doublé depuis 2015 ».*

En tout cas, une presse peu curieuse…

C'est un projet pour les peuples ?

> *« Mais le rôle de l'argent liquide est remis en question par la numérisation, tandis que l'émergence de nouvelles technologies crée de nouvelles possibilités pour les transactions de gros ».*

Un projet d'une grande nouveauté ?

Pour la presse, et le grand public (peu impliqué), l'euro numérique (de la BRI) est représenté comme « une grande nouveauté » qui va nous projeter dans un avenir radieux.

Or, cet avenir est déjà présent.

Tous nos services de paiement sont « numériques ».

Tous nos comptes financiers sont tenus de façon numérique : nos comptes courants, nos comptes d'épargne, nos assurances-vie, …

Tout est désormais numérique : nos cartes bancaires, nos virements instantanés, nos paiements sans contact, nos applications mobiles, nos applications boursières avec possibilité d'achat ou vente.

Même en conduisant une voiture, toutes ces applications numériques peuvent être utilisées…

Les Chinois et les Mongols font encore mieux.

Ils n'ont plus besoin d'un terminal de carte bancaire pour effectuer les opérations les plus courantes alors que les Européens et les Américains ne peuvent pas s'en passer.

Les « avantages » de l'euro numérique sont donc inexistants.

Mieux, la BCE-BRI veut clairement supprimer les billets de banque et les chèques : elle supprime de plus en plus de Distributeurs Automatiques de Billets (DAB), et elle pénalise les commerçants qui leur remettent beaucoup de chèques.

Par contre, sans carte bancaire, sans terminal ou sans réseau téléphonique, les banquiers n'offrent aucune solution.

Ils ont bien essayé « le portefeuille numérique » qui consiste à bloquer une certaine somme sur le compte bancaire, dédié à une carte bancaire, pour régler des petites sommes sans autorisation préalable mais il faut quand même un terminal pour des paiements en face à face.

> *En fin 2023, la BCE a annoncé que les détenteurs d'euro-cryptos auprès de la BCE recevraient une carte bancaire spéciale. Gérée par qui ? Nous pouvons déjà annoncer que les Américains seront les plus performants.*

Les Chinois ont adopté un autre système… et c'est inquiétant.

Ils ont inventé le « Crédit Social ».

En fait, c'est par les systèmes de messagerie instantanée que le Crédit Social s'est imposé, notamment par l'application WEIXIN (WeChat) de Tencent (un milliard d'utilisateurs en Chine).

Pour les Chinois, il est pratiquement impossible de se passer de ces applications qui permettent de faire bien plus d'opérations qu'en Occident, à condition de ne pas être censuré.

Non seulement, WEIXIN est censurée en Chine mais également à l'étranger, pour les Chinois et non-Chinois.

De plus, cette application est pratiquement indisponible pour les touristes étrangers en Chine, ce qui complique beaucoup leur compréhension du système chinois.

Cette application de Tencent est bien plus pernicieuse que SINA WEIBO, simple application de « micro blog », très surveillée elle-aussi.

A la moindre incartade, donc notamment quand un règlement n'est pas validé (compte débiteur ou carte volée), les Chinois sont « fichés » et rapidement sanctionnés par une privation de libertés : suppression de carte bancaire, suppression de compte bancaire, voyage interdit, suppression des droits sociaux, ….

Et pire encore si d'autres incivilités et critiques politiques s'y rajoutent : les peines de mort sont de plus en plus fréquentes.

> Et quel aveu de faiblesse !
>
> L'IME a été créé en 1994 pour régler tout cela, et nous dépendons plus que jamais des Américains !

C. Lagarde : « les banques commerciales n'ont pas fait de progrès ».

> *« Nous savons que le secteur privé (les banques commerciales), en revanche, a fait beaucoup moins de progrès dans la fourniture d'une solution pan-européenne pour les paiements de détail » (FMI, le 14/10/2022).*

Au fait, cette dame aurait-elle démissionné ?

Elle n'est plus la présidente de la BCE, *« la banque des banques »* ?

Non, désormais elle prépare l'arrivée de l'euro-crypto pour le TOP-50 des banques commerciales et de leur Union Bancaire.

L'euro-crypto est un projet contre les autres banques !

Les « petites » banques font désormais partie du « secteur privé » … qui a toujours mal géré « la monnaie ».

Au passage, elle aurait pu exprimer ses remerciements aux prestataires américains qui ont fait le travail de mise en place du Système Européen des Paiement (SEP)…

Elle n'en parle jamais sinon que pour les rassurer à mots couverts sur leur avenir dans ce projet.

b) Deuxième public : le Parlement Européen.

La première intervention de F. PANETTA devant les membres de la Commission ECON du Parlement Européen a eu lieu de 7 juillet 2020 sur le thème :

> *« Libérer le potentiel inexploité de l'euro au niveau mondial ».*

Le bonheur des peuples ? Les préoccupations de la BRI-BCE ?

Il cite comme « une grande performance » que :

> *« 50% des euro-émissions mondiales étaient émises en euros ».*

Or, nous avons soulevé ce problème.

Les euro-émissions font partie de « leur domaine exclusif », et quasiment personne d'autre que « la finance » et « les gouvernements » ne peut lancer des « euro-émissions ».

Zone Euro-20 à fin 2020 : Gouvernements (12.686 Md€) ; Finance (9.439 Md€) et Entreprises (1.909 Md€). Total : 24.032 Md€.

Il préconise encore plus de pouvoirs pour la Finance.

> *« Une Union Economique et Monétaire plus approfondie et plus complète, y compris en conseillant l'union des marchés des capitaux, dans le contexte de la poursuite de politiques économiques saines dans la zone euro ».*

Il souligne au passage que la Zone Euro est menacée d'éclatement.

> *« Malheureusement, le fonds de relance est de nature temporaire et relativement petit par rapport à la taille du marché européen des obligations souveraines.*
>
> *Au cours des derniers mois, la BCE a déployé des mesures énergiques de politique monétaire pour éviter la fragmentation, dissiper les risques extrêmes sur les marchés financiers et stabiliser l'économie de la zone euro.*
>
> *Peu après le déclenchement de la crise pandémique, la BCE a réactivé un certain nombre de lignes de swap et de pension avec de grandes banques centrales étrangères. »*

Enfin, avec la CBDC, le monde futur sera pur et parfait.

> *« Une CBDC aurait des implications nationales pour la zone euro dans des domaines tels que la politique monétaire, la stabilité financière et les systèmes de paiement, qui devraient faire l'objet d'une évaluation approfondie ».*

L'euro doit devenir une vraie monnaie mondiale…

> *« Mais, si la CBDC est autorisée à être utilisée en dehors de la zone euro, elle aura probablement des implications pour le système monétaire et financier mondial ».*

Il faut que l'euro-crypto attire plus de dépôts étrangers.

> *« Par exemple, le rôle international de l'euro pourrait être renforcé si la CBDC représentait un moyen de paiement attrayant ou une réserve de valeur pour les non-résidents de la zone euro ».*
>
> *« L'euro est devenu une monnaie internationale à la naissance ».*

Traduction pour les admirateurs: la Haute Finance Européenne sait donc faire mieux que les autres banques centrales.

Surprise : tous ces progrès dépendent des « irresponsables » politiques.

L'accusation n'est pas gratuite puisque, à cette date, le Conseil Européen a déjà donné son accord.

> *« La façon dont ce statut international évoluera à l'avenir reste entre les mains des décideurs politiques européens.*
>
> *Le Parlement européen a un rôle clé à jouer dans la mise en œuvre de réformes qui renforceront encore la confiance des citoyens dans le projet européen et dans l'euro ».*

La stratégie du disque rayé…

Dans toutes les rencontres suivantes, F. PANETTA a utilisé la stratégie du disque rayé :

> *« C'est urgent ! »*
>
> *« Vous devez donner votre accord rapidement ».*
>
> *« Avec l'euro numérique, nous pourrons lutter plus efficacement contre le blanchiment d'argent sale ».*
>
> *« Permettez-moi de vous rappeler pourquoi ce projet est nécessaire ».*
>
> *« Soyons clairs : la BCE entend veiller à ce que l'accès aux espèces soit maintenu » (même si les banques retirent de plus en plus de distributeurs automatiques de billets, et suppriment de plus en plus d'agences bancaires).*

Les « solutions de paiement » du futur bel euro-crypto existent déjà.

La première s'appelle « e-Wallet », et elle n'a pas rencontré de succès en Europe : la carte bancaire prépayée en est l'exemple le plus concret, et ce système existe depuis les années 1990.

D'autres intermédiaires se sont greffés sur cette technologie : Skrill (le moyen de paiement le plus utilisé à l'échelle mondiale) et plus récemment UpayCard pour les devises Fiat et les crypto-actifs.

> *« Les utilisateurs pourraient (?) alimenter leurs comptes ou portefeuilles en euros numériques » (29/09/2022).*

La solution de paiement direct existe mais seuls les « geeks » (fans des nouvelles technologies) l'utilisent grâce aux « smartphones » et à leurs opérateurs qui eux-mêmes exigent des détentions « Wallet » préalables.

> *« Par exemple, une application pourrait être utilisée pour les paiements directs entre deux personnes, et une interface en ligne pour les achats sur Internet. »*

Quant aux paiements par Internet, ils se font déjà… grâce aux applications américaines : cartes bancaires, PayPal et autres.

Jusque-là, rien sur : « pourquoi donc les parlementaires ? »

A ce stade, personne ne connaît la forme que prendrait un « euro numérique » mais les parlementaires européens doivent donner leur accord…

Le 18 novembre 2021, les parlementaires vont en savoir un peu plus.

> *« Si les citoyens déposent leurs revenus et économies dans les banques privées (et chez les assureurs), cela prouve de manière tangible que l'argent que nous déposons à la banque est en sécurité ».*

Il rajoute cette remarque des économistes officiels qui parlent de **« l'inattention rationnelle** » des déposants qui « savent » que leur argent est bien protégé.

Par contre, ils ignorent que **ce sont les Etats qui « offrent la sécurité »** en couvrant régulièrement toutes les pertes de la Haute Finance.

> *« Whatever It Takes »*
>
> *(le « quoi qu'il en coûte » de Mario DRAGHI).*

Comme un mensonge peut facilement passer inaperçu, il rajoute…

> *« En règle générale, c'est seulement lorsque la confiance dans la convertibilité disparaît que les ruées sur la monnaie privée apparaissent ».*

Petite perfidie.

Les crises monétaires à répétition sont-elles dues à d'autres monnaies que celles du système monétaire international ?

En tout cas, le 18 novembre 2021, il a déclaré que le danger était bien là.

> *« Il faut éviter le danger du secteur privé ».*

Enfin, nous y voilà : « il faut un ancrage monétaire ».

> *« L'ancrage monétaire est une condition préalable pour préserver la transmission de la politique monétaire et, par extension, pour protéger la valeur de la monnaie et la confiance envers cette dernière ».*

Le discours reste « épais » mais il s'est éclairci.

En fait, la BRI-BCE veut des « garanties étatiques » pour lancer « sa nouvelle monnaie ».

Or, il ne peut plus demander ces « garanties » aux Etats car **il faudrait consulter chaque gouvernement**, et ils ont déjà « bien donné » à la Finance en matière de garanties coûteuses.

Il est donc plus facile de solliciter l'Union Européenne.

De plus, il ne s'agirait plus de donner une garantie étatique à chaque Banque Centrale Nationale qui, en contrepartie, garantirait les emprunts de « ses » banques commerciales auprès de la BCE…

Non, il faudra bien deux types de garanties …

Celles données par l'Union Européenne à l'Union Bancaire, nos cinquante « Auguste » de la finance ; et celles éventuellement données par les Etats à leurs petites banques nationales.

Le TOP-50, bénéficiaire des garanties européennes.

En clair, « il faut » que le Parlement Européen donne sa garantie à l'Union Bancaire qui dirigera effectivement le Système Européen des Banques Centrales et débloquera des liquidités *« ad nauseam »* aux seules banques commerciales du TOP-50.

Le discours sur « la monnaie privée » et ses « paniques » est plus clair…

Le TOP-50 sera directement intégré au management de la BCE et, donc, les autres banques commerciales sont déjà désignées comme ***« émettrices de monnaie privée »***.

Vous n'avez pas tout compris ?

C'est normal : les spécialistes parlementaires de la Commission ECON n'ont rien compris du tout, et ils sont prêts à donner leur accord sans réserve pour déposer de « nouvelles lois » sur la monnaie numérique au Parlement Européen…

Ils sont même prêts à en recommander le vote urgent.

Continuons : le ver est dans le fruit mais il ne se voit pas encore.

Il faut encore fouiller dans les huit cents pages ou plus.

c) Troisième public : la Haute Finance.

L'aveu de Y. MERSCH.

Le 11 mai 2020, Yves Mersch (BCE) se pose la question de l'euro numérique, victime de son succès : ***« une envolée de fantaisie ? »***

> *« La majeure partie de l'argent émis par les banques centrales est en fait déjà numérique, bien qu'elle ne s'appelle pas CBDC.*
>
> *C'est vrai pour la majeure partie de l'argent émis dans le cadre de nos opérations de crédit de gros avec nos contreparties ».*
>
> *« À l'heure actuelle, l'accès au bilan de la banque centrale offre la possibilité d'accéder à la monnaie numérique de la banque centrale. Une CBDC de gros, limitée à un groupe limité de contreparties financières, serait en grande partie comme si de rien n'était ».*
>
> *« Cependant, une CBDC Retail, accessible à tous, changerait la donne ».*

Nous avons vu que l'euro numérique offrirait toutes les fameuses promesses de modernité et de progrès… déjà existantes.

Désormais, la BCE avoue que « les gros » sont déjà bien servis.

L'aveu de Christine LAGARDE.

« La CBDC en gros existe déjà mais la CBDC de détail est à mettre en place (même si elle n'est pas définie) ».

Le 10 septembre 2020 devant les représentants de la BUNDESBANK.

Les particuliers ne comprennent pas.

« Les particuliers ne font, et ne comprennent généralement pas la différence entre l'euro numérique et les euros qu'ils dépensent déjà en recourant à des moyens de paiement numériques privés » (30/03/2022).

Einstein aurait sans doute répondu : « moi non plus ».

« Si vous ne pouvez expliquer un concept à un enfant de six ans, c'est que vous ne le comprenez pas bien, vous non plus ».

C'est pourtant facile à comprendre.

L'euro numérique offre une facilité inattendue :

« Pouvoir partager facilement, en un seul paiement la note de restaurant entre amis ».

C'est pourquoi il faut un Euro Numérique de Détail.

Fabio PANETTA le répète tout le temps :

« Il faut concevoir une monnaie numérique de banque centrale pour les paiements de détail » (18/11/2021).

« Les banques disposent depuis longtemps d'une monnaie numérique de banque centrale grâce aux services TARGET » (c'est donc déjà fait).

Mais tout l'argumentaire tourne autour d'un Euro de Gros.

« L'Eurosystème travaille actuellement à mettre au point une nouvelle plate-forme TARGET consolidée qui offrirait des services plus sophistiqués et plus modernes ».

Au fait, cela ne vous rappelle rien ? Hammurabi ?

Hammurabi avec son « sicle lourd » et son « sicle léger » ?

Comme quoi, l'Histoire mérite d'être « bien enseignée » !

Les dates, les traités et les hagiographies sont une mauvaise lecture de l'histoire.

« Comment le dollar et l'euro ont tué la Démocratie… »

« How dollar and euro killed our democracies »

(alter-europa.com).

Loin des yeux : les transactions en gros seront « confidentielles ».

> *« Une monnaie de banque centrale, sous forme électronique pour leurs transactions quotidiennes, leur permettrait aussi de bénéficier de normes élevées en matière de respect de la vie privée ».*

La monnaie numérique doit rester « entre nous ».

> *« Pour prévenir des mouvements excessifs et soudains de report de la monnaie de banque commerciale vers la monnaie de banque centrale, nous devrons trouver un équilibre : d'un côté, nous devons maximiser son attrait en tant que moyen d'échange et, de l'autre,* ***nous devons limiter son usage en tant que forme de placement*** *».*

Passons aux « grands projets » …

> ***Il faut :*** *« Une union des marchés des capitaux, dans le contexte de la poursuite de politiques économiques saines dans la zone euro » (7/07/2020).*

Aucun scrupule : le BITCOIN va servir.

La BCE va reprendre les techniques du BITCOIN pour recenser et gérer tous les titres de la zone euro.

> *« Pour les activités de règlement, l'Eurosystème pourrait s'appuyer soit sur une technologie traditionnelle, soit sur la technologie des grands livres distribués » (29 septembre 2022).*

La bombe est lancée : « la BCE est une Institution ».

> *« Nous, institution publique, sommes résolus à garder la confiance de la population »* (le 30 mars 2022).

Il faut éviter toute forme de concurrence contre « la gestion de l'euro ».

> *« Je compte sur ce Parlement pour s'assurer qu'un ambitieux cadre réglementaire se dégage des négociations en cours relatives au règlement de l'UE concernant les marchés de cryptoactifs (règlement « MiCa ») et aux propositions législatives sur la lutte contre le blanchiment de capitaux et le financement du terrorisme ».*

Cette monnaie numérique sera « réservée ».

> *« Il est en effet possible de concevoir un euro numérique en le dotant de garde-fous efficaces permettant d'éviter qu'il soit utilisé comme forme de placement financier et pas seulement comme mode de paiement […].*
>
> *Nous avons l'intention d'intégrer les deux types d'instruments – limites et rémunération par paliers – à la conception d'un euro numérique ».*

Le succès de l'euro numérique : une menace de désintermédiation.

Pour Yves Mersch (Luxembourg), les risques d'une *« une envolée de fantaisie »* ont été précisés par F. PANETTA.

> *« Alternativement, une CBDC de détail pourrait être basée sur des comptes de dépôt auprès de la banque centrale [...].*
>
> *Pour la zone euro, il s'agirait essentiellement d'augmenter le nombre de comptes courants offerts d'environ dix mille (aujourd'hui) à entre 300 et 500 millions ».*

Autrement dit, le risque de succès conduirait à la suppression des banques commerciales, moyennes et petites, tandis que les TOP-50 prendraient en main le nouveau système de gouvernance de la BCE.

d) Quatrième public : les Petites Banques.

Le 10 décembre 2021, Fabio PANETTA est intervenu devant la *« Federazione italiana delle banche di credito cooperativo, casse rurali ed artigiane ».*

Mépris total : vous n'avez qu'à obéir.

> *« Au niveau international, la numérisation de la monnaie et des paiements est examinée par le* ***G7 et le G20****.*
>
> *En Europe, elle est fréquemment discutée par les ministres des Finances au sein de l'***Eurogroupe*** (au sein duquel la BCE règne en maître).*
>
> *Elle est à l'ordre du jour de la* ***Commission Européenne*** *et du* ***Parlement européen****.*
>
> *Elle a été abordée par les chefs d'État ou de gouvernement lors du* ***sommet de la zone euro*** *en mars dernier.*
>
> *Et c'est bien sûr au cœur de l'agenda de la* ***Banque Centrale Européenne*** *».*

Ce projet vous dépasse.

> *« Il (euro numérique) aurait également une pertinence plus large pour les équilibres géopolitiques mondiaux et les droits fondamentaux des individus, tels que le droit à la vie privée ».*

Bigre, les hirondelles volaient trop haut ce jour-là : elles sont passées au-dessus des têtes de ces « petites mains » de la finance coopérative.

Ils n'avaient rien à dire, rien à approuver, puisque « les dieux » voulaient régler les *« équilibres géopolitiques mondiaux »* (rien de moins).

L'Etranger nous menace.

« Les deux tiers des paiements numériques de détail en Europe sont actuellement négociés par des opérateurs étrangers ».

« Un tel système pourrait être sous-protégé contre les menaces externes, y compris les menaces informatiques ».

« Cela exposerait les personnes, les entreprises et les États au danger de l'utilisation inappropriée d'informations confidentielles ».

« Cela rendrait plus difficile la traçabilité de l'information nécessaire pour lutter contre les activités illégales ».

Le rêve…

« Un euro numérique accessible aux utilisateurs étrangers réduirait le coût d'utilisation de notre monnaie dans les paiements transfrontaliers et augmenterait son adéquation en tant que <u>monnaie de facturation mondiale</u> ».

La maîtrise de haut vol.

« D'abord et avant tout, la monnaie numérique pourrait accroître la transmission internationale des chocs et la volatilité des taux de change, en influençant les flux de capitaux.

Deuxièmement, l'euro numérique pourrait se propager dans les pays tiers dans la mesure où il évincerait les monnaies locales, conduisant à une « euro-isation » numérique ».

Et puis, la confidentialité, c'est important, non ?

« Cela stimulera l'innovation : la nouvelle forme de monnaie fournira aux intermédiaires une infrastructure réglementaire capable de connecter des systèmes actuellement séparés, tels que les systèmes de paiement de détail, l'identité numérique, la signature numérique et les reçus électroniques ».

F. PANETTA ose parler de « confidentialité » … Or, toutes ces interconnexions font penser au Crédit Social de la Chine.

e) Cinquième Public : la Haute Finance Américaine.

Fabio PANETTA, le 18 Février 2022, au cours du Forum de Politique Monétaire des Etats-Unis.

Nous réfléchissons pour éviter le renversement du dollar…

> *« Tout comme le dollar américain a dépassé la livre sterling en tant que principale monnaie de réserve dans la décennie qui a suivi la fin de la Première Guerre mondiale, l'innovation numérique peut donner naissance à de puissants concurrents étrangers, avec des conséquences perturbatrices pour les marchés qui ne sont pas prêts à relever le défi numérique ».*
>
> *« Afin d'obtenir des conseils techniques et de recueillir un large éventail de points de vue sur les solutions possibles, nous avons mis en place un groupe consultatif sur le marché et discutons régulièrement du projet avec* ***l'Euro Retail Payments Board*** *des universitaires et des groupes de réflexion ».*

Christine LAGARDE est une spécialiste pour « rassurer » …

Le 14 octobre 2022, elle est intervenue lors de la 46° Réunion du FMI, Comité Monétaire & Financier International.

> *« Cependant, nous reconnaissons les avantages de discuter de diverses questions au niveau international, telles que les paiements multidevises effectués en monnaie numérique de banque centrale de détail (CBDC) et les effets potentiels de l'accès des utilisateurs étrangers à la CBDC nationale dans des conditions spécifiques. »*

Pas de souci : le système dollar n'est pas menacé.

> *« À cet égard, la coopération internationale en matière de monnaies numériques restera essentielle ».*

C. Le Pire est Caché dans « Les Modèles ».

a) Briefing Préalable.

Ce fut « le job » des équipes de F. PANETTA.

Avant de lancer *« les chercheurs de haut niveau en macro-économie »* (et avant de les payer grassement pour cela), les équipes de Fabio PANETTA leur ont clairement dit ce qu'ils devaient « trouver » et « prouver ».

Les équipes de F. Panetta ont « bien cadré » le thème des « recherches ».

Elles ont défini les objectifs, les hypothèses et les méthodes de ces groupes de réflexion *« de haut niveau »*, et leur ont demandé de prouver que l'euro numérique est basé sur des réflexions approfondies.

b) La Théorie Monétaire Moderne.

Le 9 Novembre 2021, devant les membres de l'Institut de la Banque de Finlande, F. PANETTA a rapidement projeté une diapositive reprenant le schéma de la **Théorie Monétaire Moderne (TMM)**.

Personne n'a rien dit : c'était pourtant une horreur absolue.

Souvenons-nous de l'image utilisée dans le livre précédent *(« Dollar et Euro : Comment la Finance a tué nos démocracies »):* si un viticulteur, éleveur de grand cru, veut vendre plus de son vin réputé, il lui suffit de rajouter de l'eau dans chaque bouteille.

Vous connaissez la suite.

La TMM dit exactement la même chose : plus la BCE créera de « liquidités » sorties de nulle part mais « ancrées », plus le « Produit National Brut » augmentera. En fait, il faut lire : plus leur « Produit Net Bancaire » augmentera.

c) Le Modèle Mathématique du FMI, BRI et BCE.

Le Modèle Quantitatif DSGE (Dynamic Stochastic General Equilibrium) est le Bazooka des macro-économistes.

Il est inspiré de la doctrine de Léon WALRAS (1834-1910), converti à la « science » économique par son père, inspecteur d'académie passionné d'économie, et formé à la mentalité de l'horlogerie suisse en tant que professeur de l'Université de Lausanne.

Sa vision de l'économie était elle-même très horlogère, avec des engrenages de la pensée pour passer de l'économie pure à l'économie appliquée… qui doit rester « pure » et « en équilibre » en toute circonstance.

- Avec l'économie pure, l'économiste établit des « lois mathématiques » en partant de concepts tirés de la réalité (?).
- Avec l'économie appliquée, il tire de ces « lois mathématiques » des principes à mettre en œuvre pour la gestion de la politique économique.
- Avec l'économie sociale, il énonce des mesures afin d'éviter la pauvreté et l'injustice.

Ouf, il fallait que ces « théories équilibristes » servent à quelque chose de bien.

Une théorie d'équilibriste !

Tout doit rester à l'équilibre.

L'homme debout ou assis est-il capable d'avancer ?

Ben, non, c'est le déséquilibre qui le fait avancer.

Pareil pour l'économie réelle !

Autrement dit, Walras avait tout mis en équations.

La suite est connue : les mathématiques sont ***« la main divine des économistes purs »*** … mais désormais sans Idéal (Beau et Bien).

Tout doit, et tout peut être mis en équation : Équations de l'échange ; Équations de la production ; Équations de la capitalisation ; …

Tous ces équations sont alors regroupées dans *« Théorie Mathématique de la Richesse Sociale ».*

Bigre, on s'incline !

d) La Théorie de l'Equilibre Général sans monnaie.

Les banquiers ont adapté la théorie de Walras.

Rappelons que l'équilibre général d'une *« économie pure et parfaite »* était « obtenu » **sans monnaie et sans échanges internationaux**.

Les « grands banquiers » (BCE, FMI) font mieux.

Ils « oublient » que la monnaie doit être au service de l'Economie Réelle.

En très bref, ils ont même oublié Keynes et l'introduction de « la monnaie » dans ses réflexions.

Walras avait trouvé l'équilibre général en « oubliant » le monde entier (pas d'échanges) et, de son côté, Keynes avait introduit « la monnaie » en oubliant lui aussi les échanges internationaux.

Mieux, la monnaie de Keynes était mal définie puisque seules deux de ses trois fonctions (transaction, précaution) correspondaient à que l'on attend d'une bonne monnaie (la spéculation étant une dérive).

En clair, Keynes a repris l'idée de SMITH de réfléchir à la macro-économie alors que tous les autres parlaient de micro-économie.

Les modèles de la Haute Finance : des modèles macro-économiques ?

Le fait de choisir un « modèle » ancien - sans monnaie et sans connexions internationales - en lui enlevant toutes les ramifications de l'économie réelle, c'est déjà « étonnant ».

Les « grands macro-économistes actuels » n'ont aucun scrupule.

Ils osent désigner leurs « nouveaux modèles » comme « des modèles macro-économiques ».

A aucun moment, leur « modèle-phare » ne traite de macro-économie.

Ce modèle-phare de la Finance (utilisé par le FMI et la BRI) ne s'intéresse, ni de près, ni de loin, à la création de la valeur et à la répartition de la valeur.

L'humain et la Société ont totalement disparu.

D. Dites-moi : « Je Dois Prouver Quoi ? ».

C'est simple, les « grands macro-économistes » devaient tout prouver.

a) A Qui peut-on Faire Confiance (pour prouver cela) ?

Les premiers offreurs de services : la School of Economics de Toulouse.

Le « grand prix Nobel », Jean Tirole (Banque de Suède, 2014), a obtenu une présentation en grande première dans les locaux de la BCE le 17 septembre 2019 sur le thème : *« Le Futur du Système Monétaire International ».*

Merveilleuse école pour les « prix Nobel » de l'Economie : Jean Tirole (2010), Peter Diamond (2014) et Michaël Kremer (2019).

Les seconds : IESE Business School (Opus Dei, Université de Navarre).

Thème : Banking Initiative sur la technologie et la finance, le 8 avril 2022.

« Les Irresponsables Inconnus ».

Par contre, nous ne savons pas qui a pondu ces fameux modèles de validation.

En plus, la BCE a tenu à nous avertir qu'elle publie toutes ces « preuves » sans avoir influencé les « chercheurs ».

> *« Avertissement : ce document ne doit pas être présenté comme représentant le point de vue de la Banque centrale européenne.*
>
> *Les opinions exprimées sont celles des auteurs et ne reflètent pas nécessairement celles de la BCE ».*

b) Ce qu'ils Ont Prouvé ?

- Oui, « le projet de l'euro digital est merveilleux » ;
- Oui, l'euro digital est « une nouvelle monnaie » ;
- Oui, il faudra « plenty of guarantees » nationales et européennes (des garanties étatiques partout et tout le temps) ;
- Oui, ces garanties créeront « encore plus de liquidités » ;
- Oui, il faut « rémunérer l'euro digital » ;
- Oui, les banques commerciales et coopératives (non Top-50) devront s'adapter à « facturer plus cher leurs crédits et prêts » ;
- Oui, l'euro numérique risque de « provoquer une panique bancaire » ;
- Oui, la BCE peut faire gagner beaucoup d'argent aux Etats grâce à l'euro digital qui servira à créer une immense banque d'affaires …

Ce qui est nouveau…

C'est la façon dont la BCE devance les critiques et met sur le même pied l'offre de monnaie par les banques commerciales (les crédits et les prêts) et tous les moyens de paiements dont les stablecoins.

> *« Il a été avancé qu'une telle monnaie numérique de banque centrale (MNBC), si elle était émise, serait redondante compte tenu de la vaste offre de monnaie numérique privée disponible, y compris les dépôts bancaires, les cartes de crédit, la monnaie électronique et les applications mobiles, et les solutions de paiement futures possibles basées sur des stablecoins ».*

Les sujets à creuser.

En point de mire : le Bitcoin, les stablecoins, le renminbi, le grand projet de l'euro mondialisé, la fragmentation des marchés de capitaux européens, les regrets d'un euro « boudé » à l'international.

Beaucoup de chantiers en cours !

Les Européens ? Ils n'existent pas.

Pas un mot sur les avantages (éventuels) d'un euro au service de l'Economie Réelle.

Les Européens sont des bêtes à déplumer mais pas à remplumer.

c) Les (Petites) Banques Font Ombrage à la CBDC.

Les « chercheurs » osent évoquer la disparition des banques de détail.

En effet, depuis le beau projet de l'Union Bancaire créée par, et pour les banques du Top-50, les autres banques commerciales sont définies comme les responsables des crises monétaires à répétition.

Désormais, ils parlent tous de « monnaie privée » quand ils parlent de la « monnaie bancaire » et de « monnaie centrale » quand ils parlent de leur « euro-crypto », ce beau projet qu'ils veulent mettre en place.

Le rêve de domination des autres… domine.

Il est dans toutes les têtes pensantes de l'euro numérique.

> *« Compte tenu du degré déjà élevé de convergence réglementaire et économique, l'Europe est certainement la mieux placée pour progresser dans ce domaine ».*

Le rêve de la concentration totale est à portée de main.

Le compte-rendu de F. PANETTA avait été fait en décembre 2021 : il avait déclaré que la BCE pouvait gérer 500 millions de comptes au sein de la Zone Euro contre 10.000 actuellement.

Le but est donc bien de concentrer directement les actifs monétaires dans les comptes de la BCE, au détriment des (petites) banques commerciales.

Cette possibilité technique a été écartée pour plusieurs raisons.

La BCE ne pourrait pas gérer les fonctions de crédit et de capital, normalement dévolues aux agences bancaires de proximité.

Une première raison ?

L'analyse des dossiers, en vue de l'octroi des crédits et des prêts, est très contraignante.

De nos jours, elle est tellement centralisée que les banquiers locaux sont déjà ficelés par les Comités de Crédit, eux-mêmes très centralisés.

Mieux, les pratiques bancaires consistent à sous-traiter de plus en plus les dossiers de crédit et de prêt aux filiales spécialisées des TOP-50.

Et cela se traduit par : **plus de 50% des crédits et des prêts sont aujourd'hui remplacés par opérations de crédit-bail (leasing)** qui ne mentionnent pas le taux d'intérêt utilisé.

> En clair, nous sommes en train de devenir les «locataires à vie» de la Haute Finance dans tous les domaines.

C'est de plus en plus le cas pour le foncier agricole et industriel, pour l'immobilier et pour des secteurs comme l'automobile, le gros équipement, …

> Il n'est même pas nécessaire de centraliser ce "petit travail" des (petits) banquiers dans la belle Tour de Francfort puisque les contrats de prêts sont en train de disparaître.

Autre raison ?

Elle ne pourrait pas non plus gérer les litiges et les impayés depuis sa belle tour de Francfort.

> Et donc, en supprimant peu à peu les prêts, il n'est plus nécessaire de recourir à la Justice pour récupérer les biens mobiliers (matériels, voitures, …) dont les remboursements ont été interrompus puisque ces biens leur appartiennent de facto.

d) Attention : Danger pour les Petites Banques !

« Casser » les banques mutualistes et les petites banques régionales serait très vite mal vécu par les TPE-TPI, et surtout par les PME-PMI.

Même les grandes ETI, plutôt régionales, seraient impactées.

Les fonctions de crédit et de capital ont été tellement délaissées depuis 1994 que le PIB ne progresse plus et donc, aller un peu plus loin dans cette direction de la centralisation serait réellement suicidaire.

L'équipe de F. PANETTA sait parfaitement que le fait de permettre au grand public de transférer leurs comptes des agences bancaires vers la BCE conduirait bon nombre de petites banques à déposer le bilan (manque de ressources, impossibilité de continuer leurs activités pour les banquiers traditionnels).

e) Attention : Panique Bancaire !

Pour éviter une panique bancaire, il faut limiter l'accès.

> *« Alors qu'une offre incontrôlée d'euros numériques pourrait entraîner une augmentation de l'ampleur et de la vitesse d'une panique bancaire à l'échelle du système, les limites imposées aux avoirs individuels d'un euro numérique pourraient atténuer un tel résultat ».*
>
> *« De plus, en période de tension, les paniques bancaires systémiques pourraient se produire plus facilement ou plus rapidement en présence d'une CBDC » (Broadcast, 2016 ; Callesen, 2017).*

E. La BCE est prise à son Propre Piège.

a) Politique Insensée des Taux Négatifs.

La BCE a (encore) voulu « sauver les banques ».

Elle a permis aux grandes banques de se refinancer à des taux négatifs.

> *Ses taux de dépôt sont passés de 0% le 11/07/2012 à -0.5% le 18/09/2019, puis de nouveau à 0% le 27/07/2022.*

En même temps, elle leur permettait de placer leurs excédents de trésorerie au jour le jour à des taux positifs : en 2022, la BCE a accusé une perte de 1.627 milliards d'euros… à cause du Covid (?).

En 2019, ses bénéfices étaient de +2.366 Mn€, et ils ont commencé à fondre en 2020 (+1.643 Mn€), puis en 2021 (+192 Mn€), puis en 2022 (-1,627 Mn€) avant la « reprise des provisions » qui lui a permis de déclarer un bénéfice nul.

En 2023, elle ne peut plus rien cacher et elle a affiché une perte de -1.266Mn€ qui, en réalité, était de -7.193 Mn€ (7,2 MD€).

En 2024, la perte de la BCE était de -6,983 Mn€ (7,0 MD€)mais celle des banques centrales nationales dépassait les 80 milliards d'euros.

Plus le taux de refinancement de la BCE monte, plus le TOP-50 puise dans les réserves de la BCE.

C'est un détournement d'argent public.

Ce qu'en disent les médias ?

« Perte record de la BCE en 2024, plombée par les taux élevés », AllNews, Suisse, 20 Feb 2025.

« La Banque centrale européenne (BCE) a fait état jeudi d'une perte nette record en 2024, le tribut de sa politique monétaire restrictive des dernières années, mais promet que le déficit va se résorber à l'avenir ».

Question de bon sens : Comment est-ce possible ?
La BCE augmente ses taux et elle perd de l'argent ?
Réponse : détournement d'argent public au profit des TOP-50

Les bilans bancaires ont explosé.

La BCE a tellement « bien aidé » les (grandes) banques commerciales que leurs bilans ont explosé, passant de 29.000 milliards d'euros en 2007 à plus de 40.000 milliards en novembre 2022 (ou +11.000Md€)

Pour mémoire, cette augmentation représentait pratiquement une année de Produit Intérieur Brut en 2019 (11.986 Md€).

b) L'Euro-Crypto est leur Dernière Planche de Salut.

Toutes ces liquidités créées ex-nihilo étaient « garanties » de façon directe ou indirecte par les gouvernements européens, donc par les peuples européens.

Quand les banques commerciales faisaient des pertes, les gouvernements hébergeurs étaient obligés de les prendre en charge.

Résultat ?

Les dettes publiques nationales ont explosé : globalement de 48% du PIB en 1993 à 95% en 2022.

c) Les Promesses d'un Bonheur « Euro-Crypté ».

Une explosion des liquidités, grâce aux garanties (U.E et Etats-Membres).

La BCE a promis que « les garanties européennes » lui permettraient de constituer une « immense banque d'affaires » … qui apporterait des revenus extraordinaires à l'Union Européenne.

Ce discours plaît énormément aux fonctionnaires européens : les futures créations de postes dans cette « belle entreprise » sont alléchantes.

Mais, en parallèle, l'Union Européenne devrait obtenir des Etats le maintien des « garanties étatiques » pour les petites banques qui pourraient ainsi compenser leurs pertes de ressources.

d) Où est l'Idéal ?

Ne cherchez surtout un idéal du Beau et du Bien (Platon).

Il ne parle même pas de la création de richesse nationale, ni bien sûr de sa répartition en salaires, en profits et en rentes.

Leurs « modèles » ne justifient que les « enrichissements sans cause ».

Les richesses privées provenant de la spéculation outrancière et mondialisée, une fois perdues, deviennent nos dettes.

Cela n'empêche pas que « les modèles » justifient la transformation de la Banque Centrale Européenne en une immense Banque d'Affaires, au service de l'Union Bancaire (TOP-50).

Il n'y a plus d'Idéal. Il n'y a même plus aucune morale.

Le Parlement Européen doit valider les lois de la BRI.

La BCE et la Commission valident la transformation du Parlement Européen en un simple appareil de validation des lois et des décrets de la BRI.

Par contre, l'Union Européenne doit désormais remplacer les Etats comme « bouée de sauvetage » (garanties) pour renflouer cette « banque d'affaires » en toute circonstance.

Ce n'est pas gênant puisque ce seront des « nouvelles dettes » pour les peuples, et des promotions grassement payées pour les « bons » fonctionnaires.

Nous venons de prouver qu'ils nous mentent effrontément.

Les représentants de la BRI-BCE mentent effrontément au Groupe Parlementaire Européen des Affaires Economiques et Monétaires car l'euro numérique est présenté comme un petit projet destiné à offrir plus de services à la population.

Or, même les banques commerciales locales, régionales et coopératives sont appelées à disparaître, condamnant les régions à suppléer l'absence de crédits et de capitaux pour les petites et moyennes entreprises, ainsi que pour les entreprises de taille intermédiaire (ETI) de l'industrie et du commerce.

Comment faire avec la suppression des billetteries et des billets ?

L'Etat s'occupera de distribuer des tickets de rationnement aux populations dans les régions abandonnées pour suppléer la disparition des pièces, des billets et des distributeurs automatiques de billets.

Dans de nombreuses régions européennes, les services postaux et/ou les collectivités locales ont déjà mis en place le passage régulier de camions pour permettre aux habitants de **« Vivre (un peu) »** dans un système monétaire et financier qui les a éliminés de plus en plus.

Ils peuvent notamment obtenir des liquidités sous forme de pièces et de billets mais ils peuvent aussi être assistés pour obtenir des aides sociales sans lesquelles ils ne pourraient même plus survivre.

Dans la région d'Occitanie et de la Provence-Côte d'Azur (Sud de la France), ils peuvent se déplacer à des coûts dérisoires (un ou deux euros pour des trajets de 50 kilomètres) dans des bus ou dans des trains régionaux de grande qualité.

Des mini-bus leur permettent même d'avoir accès à la Culture sous toutes ses formes pour **« Exister (un peu) »**.

Hammurabi a fait beaucoup mieux que nos banques centrales actuelles : son « bon peuple » n'avait plus besoin de manipuler les sicles d'argent (même trafiqués), il comptait désormais en grains d'orges et en rations diverses.

Aucun scrupule : tout ce beau monde s'exécute, au propre et au figuré. Personne ne les contredit.
En fait, nous nous dirigeons vers un grand désastre.

F. RÉSUMÉ.

Au fait, combien de garanties européennes pour ce beau projet ?

> *« Selon nos analyses préliminaires, maintenir le montant total des avoirs en euros numériques à un niveau compris entre 1.000 milliards et 1.500 milliards d'euros, soit un niveau comparable à celui des billets actuellement en circulation, permettrait d'éviter des répercussions négatives sur le système financier et la politique monétaire » (15 juin 2022).*

« C'est pour éviter pareil succès de l'euro-numérique centralisé » que la BCE avance ses pions.

En clair, il faut (à nouveau) « sauver » la Haute Finance.

« La lutte contre l'inflation » lui permet de se refaire une santé mais cela ne suffira pas pour repartir à la conquête du monde sur les marchés de la prédation et de la spéculation.

Petite précision : la FED a perdu respectivement 58,8 Md$ en 2022 et 114,3 Md$ en 2023 à cause de ses hausses de taux « pour lutter contre l'inflation ».

Probablement plus de 150 Md$ en 2024.

En réalité, elle fait des cadeaux aux grandes banques américaines en rémunérant leurs dépôts au jour le jour à plus de 5%.

En effet, la FED fait des cadeaux aux grandes banques américaines en payant de plus en plus d'intérêts sur leurs dépôts au jour le jour : ce sont des profits sans risque pour elles mais des renflouements de la Fed de plus en plus coûteux pour la dette publique et le déficit budgétaire des États-Unis.

En conséquence, il y a des coupes partout, même dans les budgets de la Défense Américaine car leurs armées sont aujourd'hui présentes sur beaucoup trop de «théâtres d'opération».

Les difficultés du SEBC (BCE) sont similaires.

En effet, leurs décisions sont dogmatiques et guidées par la cupidité.

D'ici 2028, il y aura encore plus de 12.000 milliards d'euros à basculer dans nos comptes publics car des hausses de taux de plus de 3% par an ne suffiront pas.

En concentrant une part importante des économies des Européens dans les comptes de la BCE, avec de plus en plus de garanties européennes, **l'Union Bancaire** va priver les banques commerciales « ordinaires » d'une grande partie de leurs ressources.

Elle va surtout remplir son objectif de **totale indépendance** et instaurer un système de **totale opacité** des mouvements financiers.

Les pays européens « coopératifs » vont comprendre…

Tous les comptes « intéressants » seront regroupés à Frankfort S/Main ce qui permettra à leurs détenteurs d'obtenir une **extra-territorialité.**

Nos « pays amis » perdront donc cet « excellent business » de *« recel de fraude fiscale »* qui les rend si arrogants.

Ils vont donc perdre leurs belles plumes de « pays frugaux ».

La Haute Finance n'aura plus besoin de négocier de *« petits arrangements fiscaux »* avec le Luxembourg, l'Irlande, les Pays-Bas, la Belgique Flamande et les autres…

Ces pays perdront leurs belles plumes, et ils perdront aussi de leur arrogance.

Totale indépendance mais surtout totale opacité…

La Haute Finance pourra se déplacer librement partout dans le monde, sans en référer aux « Autorités » de l'Union Européenne.

Ce sera l'open bar pour les mouvements dans tous les pays « en liste grise » ou carrément dans ceux de « la liste noire », pudiquement rebaptisée en ***« liste européenne des juridictions fiscales non coopératives »***.

A l'échelle du monde, cette liste noire a tellement fondu qu'elle compte moins d'une vingtaine de confettis (hormis la Russie et le Costa Rica) mais les « fiduciaires » de tous ces pays font trop souvent l'objet de piratage par les « lanceurs d'alerte ».

Même le Luxembourg a connu ses « LuxLeaks ».

C'est toujours gênant quand la Justice s'en mêle… même si « les affaires » peuvent être rapidement « étouffées ».

> Protégée par son statut de « institution indépendante », la BCE est à l'abri face à la Cour de Justice de l'Union Européenne : les traités fondateurs ont bien prévu toutes les clauses de confidentialité pour protéger la BRI-BCE ».

Le pire est à craindre pour les « cigales ».

Un Grand Reset est en cours, et de grosses dévaluations sont à prévoir dans tous ces pays latins, les pays laxistes.

> Les pays « cigales » vont très rapidement comprendre le concept des « euros forts » quand la Haute Finance les obligera à convertir leurs « euros actuels » en « euros légers ».

Les « Lois Hammurabi » devront bien sûr lutter contre les fraudes et contenir les révoltes : une Grande Restauration précède et accompagne toujours les *« mouvements populistes »* qui se prétendent *« victimes des dévaluations »*.

> Ces dérives permanentes du "système de gouvernance" de l'Europe actuelle font penser à un iceberg qui dérive vers les eaux très chaudes d'un monde en furie.

PARTIE V : NEUTRALISER CE SYSTEME MAFIEUX.

A. PRÉAMBULE.

Cette partie est destinée à résumer les points soulevés dans nos diverses analyses.

Elle est donc apurée de toute démonstration.

Elle est également consacrée à l'exploration des pistes de réformes indispensables à mettre en place dans les plus brefs délais.

Par contre, avant de présenter le système de gouvernance de l'Union Européenne, nous allons expliquer les bases de la démocratie athénienne dont se réclament aujourd'hui toutes les « démocraties » actuelles.

Comment réformer ce Système (Mafieux) ?

Il n'y a qu'une seule issue : toute la Société Européenne doit réagir.

Nous devons donc faire l'impasse de tout ce qui nous divise en apparence car ce système mis en place nous détruit, toutes et tous, sans distinction de nationalité, de catégorie socio-professionnelle, de niveau de richesse, de conviction politique, de conviction religieuse, de sexe, d'âge, …

L'heure n'est pas encore au détail des propositions…

Grâce à ces analyses, il fallait surtout comprendre…

Désormais, il faut expliquer et convaincre.

C'est le seul moyen de nous rassembler.

Comment nos « démocraties » ont-elles pu valider de telles décisions ?

Nous allons exposer le fonctionnement de la démocratie athénienne, puis détailler celui de nos institutions européennes.

A ce stade, il ne s'agit que d'une comparaison.

« Comparaison n'est pas raison ».

Cette expression est typique dans la langue française : elle relativise ce travail de comparaison.

En effet, la comparaison est une première étape de la réflexion mais elle n'apporte pas toutes les réponses utiles.

Elle va simplement nous aider à découvrir que le système de gouvernance de l'Union Européenne (et des autres pays dits « libres ») ne repose sur aucun des critères d'une vraie « démocratie », mise en place dans la société athénienne, ni dans son mode de fonctionnement, ni dans le respect des valeurs affichées.

Par contre, si les deux systèmes (athénien et actuel) ont échoué, nous en développerons les raisons dans le prochain chapitre.

B. Pouvoirs en Grèce après Solon.

a) Solon (-640 ; -558).

L'Aréopage.

Avant Solon, l'**Aréopage** était formé d'anciens **Archontes**, nommés à vie et choisis parmi la noblesse des princes et des rois, puis des nouveaux riches devenus puissants grâce au commerce international.

Il y avait plusieurs « chefs » pour gérer l'administration civile, pour gérer la juridiction publique, notamment juger les crimes de sang et les crimes d'impiété.

Il y avait d'autres archontes pour officier dans les fêtes religieuses et d'autres encore pour gérer les affaires militaires (ces derniers étaient nommés « stratèges »).

b) Le Conseil des Sages.

Solon avait renforcé le pouvoir de l'Aréopage en lui donnant le statut de **Conseil des Sages** pour protéger la Cité contre toute menace interne ou externe mais il ne parvint pas à exclure l'aristocratie du Pouvoir malgré l'abolition de la monarchie.

Par la suite, **« les Sages »** furent nommés pour une durée d'un an avant d'être remplacés par une **oligarchie**, formée d'un petit groupe d'individus faisant partie d'une riche élite minoritaire et privilégiée, les **Eupatrides**, bien nés eux aussi grâce à leur fortune familiale.

En clair, le système ne fut jamais démocratique : au départ, il fallait être de « sang pur », puis il fallait payer cher pour occuper des « charges » importantes, notamment dans l'armée.

c) Réformes de Clisthène (-570 ; -492 ?).

Démocratie ou Isonomie ?

La naissance de la Démocratie est attribuée à Clisthène qui a aboli le système des cinq castes censitaires en -508 en introduisant le concept d'**isonomie** visant à introduire une plus grande égalité devant la Loi.

Il s'attaqua à ce système des Eupatrides qui était encore organisé en quatre tribus malgré le changement dans leur composition : gros propriétaires terriens au départ, puis riches négociants devenus usuriers par la suite.

Point important : toutes les régions étaient de taille comparable.

Clisthène a créé un système de **Dèmes (139), basés sur le principe de trois régions** : la ville d'Athènes, la côte et les régions intérieures.

Ces trois entités étaient démultipliées en 40 trittyes, gérées par **dix tribus ou Phylaï** qui, dans notre dimension politique actuelle, pourrait être la base de notre « Conseil des Régions » ou de notre (futur) Sénat européen : une bonne idée à retenir.

Pour être éligible, il fallait faire partie des « **démiotes** » : avoir plus de 18 ans, avoir fait deux ans de service militaire et ne pas avoir été condamné.

Même un grand nombre de métèques (marchands étrangers résidents) et d'affranchis (anciens esclaves) pouvaient s'inscrire et être élus.

C. Création de deux Institutions.

La Boulè et l'Ecclésia étaient administrées par une « administration tournante », la Prytanie.

a) La Boulè : « le Conseil ».

Elle devint une assemblée de 500 membres, appelée Conseil des Cinq Cents.

Le rôle de la Boulè.

Son rôle était de recueillir les **projets de lois des citoyens**.

Chaque proposition de loi, ou *probouleuma,* faisait l'objet d'un rapport de la Boulè après discussions internes.

Tirage au sort.

Cinquante citoyens de chaque (nouvelle) entité « régionale » étaient désignés ***bouleutes*** par tirage au sort parmi des listes de volontaires dressées par les dèmes.

Rémunération conditionnelle.

Après les réformes de Clisthène, cette ***magistrature*** fut rétribuée par une indemnité désignée en grec ancien par « ***misthos*** ».

Les citoyens, devant siéger à la Boulè une année entière, ne pouvaient plus exercer leur métier.

Ils étaient donc rémunérés pour le temps qu'ils consacraient au service de la démocratie.

Limitation des mandats en nombre et en durée.

Les citoyens athéniens pouvaient être au maximum deux fois ***bouleutes*** dans leur vie, soit deux ans au total.

b) L'Ecclésia : l'Assemblée des Citoyens.

Elle exerçait la fonction législative.

Elle était convoquée par la Boulè qui déterminait un ordre du jour précis pour le vote populaire des « projets de lois et de décrets », les *probouleuma* déjà discutés et acceptés.

Il n'y avait donc aucune concurrence entre ces deux institutions.

L'Ecclésia avait beaucoup de pouvoirs.

L'Ecclésia était l'Assemblée du Peuple ou plutôt **l'Assemblée des Citoyens**.

Son rôle à Athènes était de voter les lois, le budget, la paix ou la guerre et l'ostracisme, une peine qui conduisait à exclure un citoyen du territoire.

Une Assemblée du Peuple qui dirigeait et qui gérait …

Elle tirait au sort les **bouleutes** (présidents du conseil), les **héliastes** (membres des tribunaux), les **archontes** (les dix magistrats qui dirigeaient la République).

Cette Assemblée élisait également les **dix stratèges** de l'Armée.

Toute la population pouvait y assister.

L'Ecclésia était composée de tous les citoyens composant la population de l'Attique, soit approximativement entre 200.000 et 300.000 habitants.

L'Ecclésia se réunissait quatre fois par mois.

Les citoyens pouvaient participer aux quarante réunions annuelles en proposant des amendements mais l'espace disponible limitait la participation physique à 6.000 citoyens.

La notion de « quorum » vient de cette contrainte, elle était reconnue par la procédure de l'**appartia** (ce que l'on emporte au minimum quand on part) : le vote était entériné malgré le nombre restreint de citoyens admis à voter physiquement, sans aucune délégation possible contrairement à nos démocraties représentatives.

Un ordre du jour précis déterminait les sujets à traiter suivant les mises en délibération du Conseil avant de fixer l'ordre du jour des séances de l'Ecclésia.

c) La Prytanie : « Administration Tournante ».

La Prytanie.

La présidence tournante de la Boulè était purement administrative.

Elle était désignée par « **prytanie** » pour la durée d'un mois athénien : 36 jours en moyenne à l'époque où les ajustements de calendrier étaient réguliers.

Elle était tournante parce qu'elle était assurée par les dix « **bouleutes** » d'une même tribu (région, et non plus famille possédante) dans la nouvelle organisation du Conseil des Cinq Cents.

Trois assemblées mensuelles, dites « principales ».

La Loi prévoyait les domaines à mettre en délibération.

Les lois ordonnaient que chaque assemblée traite trois affaires relatives à la religion, trois affaires profanes et trois affaires concernant les relations étrangères.

Il y avait donc « neuf présidences tournantes ».

Le Président du Conseil (un prytane) tirait au sort neuf présidents, les **proèdres**, un de chaque tribu, sauf parmi celle qui exerçait la prytanie.

Parmi ces proèdres, un **Epistate** exerçait le rôle de Haut Magistrat chargé de la surveillance du système administratif ; c'est à lui qu'était confiée la remise de l'ordre du jour des réunions.

Les mandats des proèdres étaient limités à une fois par prytanie, et ceux des épistates à une fois par an.

Dès qu'ils avaient reçu cet ordre du jour, **les proèdres** devaient faire connaître les affaires inscrites dans leur propre séance et devaient veiller à ce que tout se passe régulièrement.

Ils dirigeaient le déroulement de l'assemblée et avaient le droit de lever la séance une fois que tous les sujets avaient été mis en délibération, et donc après avoir compté les votes à main levée et après avoir reporté les décomptes dans leur compte-rendu.

Chaque élu devenait donc prytane une fois dans l'année.

Le système politique, administratif et judiciaire était judicieux car, au cours d'une même prytanie, les dix prytanes exerçaient normalement la charge de leur tribu une fois dans l'année.

Le système était donc bien équilibré.

D'une part, la prytanie elle-même était ouverte à tout citoyen d'une même région pendant un an.

Le statut de citoyen excluait les femmes et les esclaves : triste réalité de l'époque.

D'autre part, l'alternance des prytanes (entre les régions et mensuellement pour chaque région) permettait un fonctionnement de l'Etat sans crise politique, et donc sans discontinuité.

La quatrième assemblée : examen mensuel des « suppliques ».

En fait, c'était la deuxième assemblée dans le calendrier mensuel, et elle était réservée aux suppliques.

Tout citoyen pouvait déposer un rameau de suppliant pour avoir le droit d'introduire, devant le peuple, les affaires, publiques ou privées, qu'il voulait faire régler.

Des annonces étaient également faites sur les saisies et les ventes publiques, les condamnations et les décisions d'ostracisme.

L'ostracisme concernait les affaires d'expulsion d'un citoyen par le biais d'un vote concrétisé par le dépôt d'un « ostrakon » dans l'urne (ostraka au pluriel).

L'ostrakon était en fait un jeton en terre cuite sur lequel était inscrit un « oui » ou un « non », parfois avec la mention de l'affaire à juger quand le personnage était important. Thémistocle, le grand stratège « populiste », a vécu ce grand déshonneur en -471.

Ce mode d'élection ne se passait pas toujours bien : un seul choix possible de jeton, bourrage des urnes, ... mais c'est une autre histoire.

d) La Présidence du Conseil.

Présidence du Conseil, une Présidence Tournante.

Parmi les prytanes, **un tirage au sort quotidien** permettait de nommer un « Président du Conseil », l'**épistate**.

Responsabilité du Président du Conseil.

Il était responsable du bon déroulement des séances de la Boulè et de l'Ecclésia malgré sa nomination précaire (un seul jour).

En cas de promulgation ou de discussion d'un décret contraire aux lois de la cité sous sa courte présidence, il pouvait être passible de lourdes sanctions par la procédure de la *graphè paranomon*, **une action en illégalité ou mise en accusation d'une loi.**

Les fonctionnaires étaient « tournants » et évalués.

Au cours de la première séance régulière, les votants confirmaient à main levée le choix des fonctionnaires et **mettaient au vote le quitus à donner à leurs prédécesseurs**.

D. DYSFONCTIONNEMENTS DE NOS INSTITUTIONS.

a) Quel Héritage pour l'Union Européenne ?

Notre héritage des Institutions en Grèce Antique ?

« Notre » Europe déclare haut et fort qu'elle est la digne héritière de « la démocratie athénienne ».

Dans son allocution du 27 mai 2021, sur *« La Grèce, l'Europe, la démocratie et la liberté »*, à l'occasion du 40ème anniversaire de l'adhésion de la Grèce à l'U.E, Charles Michel, le président du Consilium, n'hésite pas à « forcer le trait ».

« Je vous remercie infiniment de m'avoir invité à cette commémoration aujourd'hui.

C'est celle d'une double renaissance.

Votre adhésion à la Communauté européenne a représenté un ***retour au bercail pour les Grecs****.*

Petite remarque perfide : « A quel prix, ce retour au bercail » ?

« Mais les autres Européens l'ont aussi vécue comme un retour à leurs origines. L'Europe est née en Grèce ». [...]

« Tiré de Thucydide : Notre Constitution... est appelée démocratie, parce que le pouvoir est entre les mains, non d'une minorité mais du plus grand nombre.

C'est évidemment notre leçon numéro « un » : liberté et démocratie sont les fondements de notre projet européen ». [...].

Vous allez découvrir le fonctionnement de l'Union Européenne. A vous de conclure !

b) Le Conseil Européen (Consilium).

Définition Officielle.

« Le Conseil Européen est l'instance de représentation des Chefs d'Etat et de Gouvernement.

Il est devenu officiellement une institution avec l'entrée en vigueur du traité de Lisbonne le 1er décembre 2009.

Il n'est pas composé des ministres mais des chefs d'État ou de gouvernement ainsi que du président de la Commission.

Il se réunit quatre fois par an pour définir l'agenda politique de l'Union et donner une impulsion à l'intégration.

L'institution est présidée par un président, élu pour deux ans et demi ».

« Le Conseil européen a gagné en pouvoir exécutif*, puisqu'il a désormais le pouvoir de désigner le Président de la Commission et le Haut Représentant de l'Union pour les affaires étrangères et la politique de sécurité.*

L'organe dans son ensemble a été décrit comme ***le plus haut corps politique de l'Union européenne*** *».*

Traduction : cette institution est néfaste…

Elle est aux antipodes de la (vraie) Démocratie (en majuscule) à plusieurs niveaux :

- Elle est « la plus haute institution » car elle cumule les deux Pouvoirs les plus importants : le Pouvoir Législatif et le Pouvoir Exécutif.
  C'est le Conseil qui, suite aux élections parlementaires toujours favorables aux partis les plus néo-libéraux, nomme et contrôle le Président de la Commission (Mme Ursula von der Leyen de 2019-2024, renouvelée pour 2024-2029).
- Autrement dit, la Commission dépend du Conseil Européen et non pas du Parlement Européen (présentation officielle) qui a simplement validé sa nomination.

Les « grandes valeurs » de l'UE sont dogmatiques :

- Marché unique
- Monnaie unique
- Liberté de circulation des « capitaux » (liquidités tueuses)
- Liberté de circulation des marchandises et des services (la Mondialisation Heureuse).

Déjà dit : le Conseil concentre à la fois des pouvoirs législatifs et exécutifs trop importants…

Et il les gère « de façon informelle », sans aucun compte-rendu.

- La BRI-BCE y règne en maître.
- Les (autres) lobbies y imposent (également) « leurs » lois.

c) Le Conseil.

Définition Officielle.

« Son nom informel est « Conseil des ministres », également appelé « Conseil de l'Union européenne » ou simplement « Conseil de l'Union » (Wikipédia)

> *« Sa présidence tourne entre les États tous les six mois, mais chaque présidence coopère avec deux autres présidences sur un programme commun selon le système du triplet.*
>
> *L'organe est différent du **Conseil Européen**, organe similaire, mais composé des chefs d'État ou de gouvernement des États membres.*
>
> ***Le Conseil est composé de 27 ministres nationaux** (un par État), mais sa composition varie en fonction du sujet traité lors des réunions.*

Par exemple, lorsque l'agriculture est à l'ordre du jour, le Conseil est composé des ministres de l'agriculture de chaque État membre. Ils représentent leur gouvernement, et ils sont responsables devant leur État d'origine.
Les votes sont effectués selon les domaines, à l'unanimité, à la majorité simple ou à la majorité qualifiée (avec une pondération des droits de vote en fonction de la population de l'État).

« Le Conseil partage le pouvoir législatif et budgétaire avec le Parlement et conduit aussi la coopération inter-étatique dans le cadre des deuxième et troisième piliers : la politique étrangère et de sécurité commune et la coopération policière et judiciaire en matière pénale ».

Traduction.

L'organisation du Conseil Européen s'est inspirée de celle de l'Aréopage.

Il est important de noter ***« les nuances »*** introduites par la BRI dans l'élaboration de tous nos traités :

- L'Aréopage (avant Clisthène) ne rendait aucun compte de ses activités auprès d'aucune autre institution : c'est bien sûr ce « modèle » qui a été repris pour le fonctionnement du Consilium.
- En Grèce Antique, avant Clisthène, la **Boulè** était une assemblée peu démocratique puisque la charge de « Bouleute » était héréditaire, chargée de rédiger les lois de la cité.

Son nom a souvent été traduit par « Sénat » mais cette traduction est fausse puisqu'aucun sénat n'a jamais écrit de lois.

Le Conseil Européen est « le boulet » de la (vraie) Démocratie.

Le système de gouvernance européenne est oligarchique comme l'était l'ancienne gouvernance de la Grèce.

Le Conseil est le bras droit de ce système oligarchique.

La Commission » est son secrétariat.

De son côté, le « Sénat » est inexistant au sein de l'Union Européenne mais présent dans tous les Etats-Membres, même si son mode de fonctionnement est à revoir complétement. Par exemple, en France, le Sénat est resté le plus beau système de retraite pour les caciques des partis politiques (moyenne d'âge des sénateurs français en 2022 : 62 ans).

Petite perfidie : c'est même le meilleur restaurant de Paris.

d) La Commission.

Définition Officielle.

« La Commission représente les intérêts européens ».

En réalité, elle reçoit « les tables des lois » de Dieu-le-Consilium, elle les transpose en directives et elle planifie le calendrier du Parlement pour les voter.

La Commission est le « secrétariat » du Conseil Européen.

- Sans aucun débat démocratique, elle a hérité de domaines d'intervention de plus en plus étendus.
- Elle gère des domaines qui font partie des « droits de proximité », donc forcément différents et évolutifs dans l'espace et le temps.
- Toutes les « propositions » et « relectures » sont confiées à des « experts », des « personnes compétentes » et des « scientifiques », tous étant de purs lobbyistes.

Traduction.

En clair, la Commission Européenne est devenue *« un marchand de décrets »* (expression de Aristophane dans « Les Oiseaux ») en créant beaucoup trop de lois et décrets sur beaucoup trop de sujets.

« La Morale » et le Bien-Être des populations sont devenus le cadet des soucis de cette « Institution ».

e) Le Parlement.

Théoriquement, la Commission dépend du Parlement et, depuis la Grèce Antique, le rôle de tout parlement a toujours consisté à rédiger les lois.

- Or, le Parlement est débordé, tant le nombre de lois et de décrets couvre de plus en plus de domaines d'intervention.
- Les temps de parole sont limités à deux minutes par intervenant.
- Chaque intervention doit être prévue à l'avance : il n'y a donc aucune place pour des réponses spontanées et pour des débats approfondis.
- Une fois ces lois votées par le Parlement Européen, les « lois européennes » deviennent automatiquement des « lois nationales ».

f) La Cour de Justice Européenne (Curia).

Elle est surtout « utilisée » par les lobbies pour défendre les « passe-droits » de leur profession et des oligopoles qui les exercent majoritairement.

En aucun cas, elle ne dispose de « compétences » pour mettre en cause les traités et les dysfonctionnements structurels de nos « institutions ».

g) La Cour des Comptes.

Elle est paralysée par son mode de fonctionnement.

Elle ne peut pas prendre en charge un dossier précis d'investigation si ses vingt-sept membres n'ont pas donné leur accord à l'unanimité.

Le Luxembourg peut donc bloquer toute demande d'audit de ses comptes publics et de ses accords tacites de taxation qui pourtant portent préjudice aux autres Etats-Membres.

h) Le Système Européen des Banques Centrales.

Nous le citons pour mémoire car son importance capitale va être détaillée par la suite.

i) Système de Gouvernance de l'U.E.

Définition Officielle.

> *« La Commission fait une ébauche de texte et la présente (en même temps) au Parlement et au Conseil, qui doivent généralement donner leur accord, les modalités exactes de celui-ci dépendant de la procédure législative appliquée.*
>
> *Une fois approuvée et signée par* ***les deux chambres (?)****, elle devient une loi.*
>
> *La tâche de la Commission est d'assurer sa mise en œuvre dans les activités quotidiennes de l'Union et d'amener devant la Cour de Justice ceux qui l'enfreignent ».*

Traduction.

Le Conseil, le Parlement et dans certains cas la BCE, demandent à la Commission d'élaborer un texte.

La Cour de Justice Européenne sert de « rempart » contre les contrevenants et les contestataires.

j) La Présidence Tournante.

> *Depuis 2009 :*
>
> *« Un système de présidence tripartie a été institué pour rationaliser les activités du Conseil.*
>
> *Ainsi, durant 18 mois les trois États qui vont exercer successivement la présidence doivent avoir un programme commun qui sera soumis à l'approbation du Conseil des Affaires Générales et du Conseil des Relations Extérieures ».*

Traduction.

Cette gouvernance est (volontairement) floue : elle se désigne comme un système de deux chambres **alors qu'il n'y a pas de Sénat**.

Elle se définit elle-même comme un « **système de triplet** » puisque, finalement, il y a trois présidences.

Autrement dit, sous le prétexte de continuité, le vrai chef d'orchestre est le Président du Consilium (Charles MICHEL pour 2019-2024).

Le Président du Consilium préside tout et encadre tout.

- Le Conseil des Chefs d'Etat et de Gouvernement (Conseil Européen) ;
- Les deux Présidences Tournantes, celle en cours et la suivante (il les « coordonne ») ;
- Le Conseil des Ministres (le Conseil) chargé d'harmoniser ces décisions par secteur économique.
- Il participe (en plus) au choix du Président(e) de la Commission, donc au Président de l'Exécutif, pour cinq ans (Ursula von der Leyen pour la mandature 2019-2024 et suivante).

Par contre, il exerce ces diverses activités de « contrôle » sous la supervision constante de la BCE et de toutes ses équipes…

C'est un système (très) malsain.

En fin de compte, l'Union Européenne est « dirigée » par :

- Le Système Européen des Banques Centrales.
- Lui-même, Gouverné par la Banque Centrale Européenne.
- Et cette dernière est placée sous la coupe de la BRI.

Pour mémoire, la BRI est elle-même « dirigée » par les plus grands acteurs de la Finance Internationale.

En effet, le Mexicain Augustin CARSTEN, candidat malheureux à la gouvernance du FMI face à Christine LAGARDE, en est le Directeur Général depuis 2017.

François Villeroy de Galhau en est le Président du Conseil d'Administration depuis 2022.

Pour mémoire, François Villeroy de Galhau était l'ex-numéro 2 de la BNP-PARIBAS, première banque européenne par son activité et sa rentabilité avec une gestion d'actifs colossale (3.080 milliards dollars), huitième groupe bancaire international, présent dans 65 pays.

A ce titre, toujours pour mémoire, **il supervise toutes les « Autorités »** en charge des régulations dans le domaine monétaire et financier de toute l'Europe (UE-27 et autres).

E. Les Organisations « Non-Institutionnelles ».

a) Le Conseil des Régions (CDR).

Il ne dispose d'aucun pouvoir alors qu'il devrait servir de « filtre » pour éviter une destruction systématique des **« droits à la différence »**, donc des **Droits de Subsistance** et des **Droits à l'Existence**.

Définition Officielle.

> *« Le Comité des Régions (CdR) est composé des représentants des autorités régionales et locales qui détiennent un mandat électoral.*
>
> *Il donne des conseils en matière régionale.*
>
> *Il a 350 membres, organisés en groupes politiques, désignés tous les quatre ans par le Conseil ».*

Traduction.

Il faut être **« une personne compétente »** pour en faire partie.

b) Le Comité Economique et Social Européen (CESE).

Définition Officielle.

> *« Le Comité Economique et Social Européen (CESE) donne des conseils en matière de politique économique et sociale (principalement dans les relations entre travailleurs et employeurs) : il est composé de plusieurs représentants de travailleurs et des secteurs industriels.*
>
> *Ses 350 membres, désigné par le Conseil pour 4 ans, sont organisés en trois groupes d'importance équivalente et représentant les employeurs, les employés* ***et d'autres intérêts divers*** *(?) ».*

Traduction.

Le Comité Economique et Social est complétement muselé par « les traités » qui ont décrété que **l'harmonisation fiscale et l'harmonisation sociale sont exclues**.

Elles pourraient éventuellement être introduites dans « les traités » si elles étaient approuvées à l'unanimité.

Probabilité : 0%.

c) Banque Européenne d'Investissement.

Définition Officielle.

« La Banque Européenne d'Investissement fournit des prêts à long terme pour aider le développement et l'intégration ».

Traduction.

- Il faut « mendier » et être bien « représenté » pour obtenir des prêts.
- C'est donc bien une « organisation » typiquement destinée à imposer une oligarchie économique et financière.

> Prochaine direction? La Commissaire Européenne en charge de la Concurrence, Margrethe VESTAGER, faisait figure de favorite en fin 2023. Pour les oligopoles européens, cela aurait été une juste récompense pour ***« les services rendus au Marché »*** et la promesse d'une parfaite mise sous contrôle de la Banque Européenne d'Investissement, ***« pour le bon fonctionnement du Marché »***.
>
> Nadia CALVIÑO en sera la prochaine présidente : elle avait un « plus ». Elle avait travaillé merveilleusement sur le projet de l'Union Bancaire sous Michel BARNIER (2010-2014), Commissaire du Marché Intérieur et des Services. Autrement dit, elle avait l'appui de la Haute Finance…

d) Les « Agences Spécialisées ».

Définition Officielle.

« Elles sont « dirigées » par la Commission, ou quelques fois le Conseil. Elles sont fondées sur la législation ou les traités pour traiter de problèmes spécifiques ou de certains domaines ».

Déclinaison.

« Cela inclut notamment l'Agence Européenne pour l'Environnement et Europol ».

Traduction :

L'Agence Européenne pour l'Environnement est maîtrisée par les lobbies de l'Agriculture Intensive, et donc par la Chimie au sens large.

En plus de cela se trouvent trois organes inter-institutionnels.

- L'Office des Publications Officielles des Communautés Européennes : il faut imposer les (bonnes) décisions.
- L'Office Européen de Sélection du Personnel (EPSO), un organe de recrutement qui organise des concours pour des postes au sein des institutions de l'Union : il faut recruter de bons exécutants, et les former dans de « grandes écoles européennes » élitistes.
- L'École Européenne d'Administration fournit des formations pour le personnel des institutions de l'Union : il faut surtout que les élites de l'exécution soient les petits robots du système néo-libéral.
- Un autre organe est l'agence antifraude OLAF.

« Sa mission est de protéger les intérêts financiers de l'Union européenne. »

Traduction.

Il faut protéger les multinationales.

Parmi les autres postes…

« Le Médiateur Européen apporte des réponses aux « mécontentements des citoyens » envers les institutions de l'Union ».

« Le Contrôleur Européen de la Protection des Données assure que les institutions respectent les droits à la vie privée des citoyens par rapport au traitement des données ».

F. La Constitution Américaine.

a) Les Américains n'en savent pas plus que nous sur l'Humain.

Ils ont « oublié » l'essentiel.

Ils ont oublié de définir les « **droits physiques** » et les « **droits métaphysiques** » de leurs citoyens.

Leur Constitution avait pourtant bien démarré avec la définition de la Citoyenneté.

« Toute personne née ou naturalisée aux États-Unis, et soumise à leur juridiction, est citoyen des États-Unis et de l'État dans lequel elle réside.

Aucun État ne fera ou n'appliquera de lois qui restreindraient les privilèges ou les immunités des citoyens des États-Unis ;

Ne privera une personne de sa vie, de sa liberté ou de ses biens sans procédure légale régulière ; ni ne refusera à quiconque relève de sa juridiction l'égale protection des lois. »

b) Leurs Amendements sont « Hors Sujet ».

A part ce préambule déclaratif sous la forme de *"We the People of the United States",* leurs amendements sont pratiquement hors sujet :

- Exercice d'une religion (mais multiplication de sectes) ;
- Liberté de la presse (mais presse de plus en plus concentrée) ;
- Liberté de parole (mais des réseaux sociaux de plus en plus intrusifs) ;
- Respect du port d'armes (mais atteinte permanente à l'intégrité de la personne) ;
- Système de cautions et de peines (système basé sur des cautions et des peines de plus en plus démesurées).

C'est une multitude de prescriptions et règles que nous pouvons qualifier comme des **« droits de police »** qui n'ont rien à faire dans une Constitution.

Comme nous venons de le souligner, ces « droits fondamentaux » (de Police) sont même bafoués.

c) Ils en savent plus sur le Rôle d'un Etat Fédéral.

La Constitution Américaine a parfaitement défini la notion d'un Etat Fédéral alors que l'Union Européenne valide pas à pas une **« autorité supranationale »** de plus en plus **« hors sol »**.

> « Article IV : les États.
>
> *« Ils doivent reconnaître les lois et jugements des autres États, et traiter les citoyens des autres États à égalité avec les leurs.*
>
> *Les personnes poursuivies par la justice d'un État doivent lui être remises par les autres États, ainsi que les esclaves en fuite (la loi sur les esclaves en fuite ayant été annulée par l'abolition de l'esclavage, formalisée par le XIII*[e] *amendement de la Constitution). »*

d) Répartition des Pouvoirs : les Américains ont un Sénat.

Par contre, le Parlement et le Sénat sont cadenassés par le système bipolaire américain.

Le Parti Démocrate et le Parti Républicain sont toujours en concurrence sur pratiquement tous les sujets, sauf sur le principe d'une **gérontocratie** non-officielle mais évidente.

> *« L'article I établit un Congrès des États-Unis bicaméral pour voter les lois. [...]*
>
> *Le sénat est composé de deux sénateurs pour chaque État, élus par la législature de l'État (modifié par le XVII*[e] *amendement, qui prévoit le suffrage direct).*
>
> *Il est renouvelé par tiers tous les deux ans.*

e) Mais aussi une Alternance (théorique) Régulière.

Les domaines de compétence du Sénat ne sont pas clairement définis, et donc cette institution sert de filtre politique sur pratiquement tous les sujets, notamment sur tous les projets déjà votés par le Parlement (Chambre des Représentants).

> *« Les textes doivent être votés par les deux chambres, qui ont toutes deux l'initiative des lois, sauf en matière fiscale [...] »*

f) Avec un Parlement Prioritaire dans le domaine du « Législatif ».

Les deux chambres ont un pouvoir législatif.

> Article I : *« Les deux chambres ont toutes deux l'initiative des lois, où l'initiative est réservée à la chambre des représentants ».*

g) Le Pouvoir Fédéral est même limité et « très encadré ».

Les domaines de compétence du Pouvoir Fédéral sont limités.
Raison : les États-Unis sont une **Fédération d'États Souverains**.

> Article I : *« Le pouvoir exécutif appartient au président, qui est aussi commandant en chef de l'armée, de la marine, et des milices des États lorsqu'elles sont mobilisées par les États-Unis ».*
>
> *Article I : « Le président peut mettre son veto à une loi, auquel cas les deux chambres du congrès doivent chacune la voter à une* ***majorité des deux tiers*** *pour qu'elle soit promulguée.*
>
> *L'article énumère les domaines dans lesquels le congrès a une compétence législative. Quelques compétences (rares) sont expressément retirées aux États ».*

Chaque État possède donc son propre droit pénal et son propre droit civil, et il gère ses affaires internes comme il l'entend.

- Le niveau fédéral s'occupe de la **politique étrangère**, de la **défense**, de la **sécurité nationale** et de la **diplomatie** qui sont gérés par l'exécutif américain.
- Les lois votées par le Congrès Fédéral sont des lois d'encadrement, **ce qui ne leur permet pas de « rentrer » dans la vie des citoyens.**
- Dans la plupart des Etats, c'est le Gouverneur qui dispose des pouvoirs les plus étendus en matière fiscale et pénale mais, dans d'autres Etats, ce sont différents Conseils qui disposent des droits les plus étendus.

  Même la Police Fédérale (FBI) n'intervient que pour des crimes graves ou des crimes impliquant des Etrangers car, en réalité, la plupart des agents sont employés directement par les villes ou les grandes métropoles, et ils dépendent des maires.

Dans les zones moins denses, les maires nomment les Shérifs.

- La Justice est bien sûr indépendante du Pouvoir Fédéral.
  Il y a des Cours de Justice au niveau des mégalopoles, des Cours de Justice au niveau des Districts, puis des Cours d'État pour juger des crimes ou des délits, définis par chaque Etat.
  Mais d'une façon générale, dans la plupart des États, l'organisation est identique au Système Fédéral avec une Cour de Première Instance, une Cour d'Appel et une Cour Suprême.

h) Même les Hauts Fonctionnaires sont en situation précaire.

Cette disposition de la Constitution n'est pas neutre : plus de 20.000 fonctionnaires peuvent être concernés lors du renouvellement des mandats de l'Exécutif.

> Article II : *« Le Président » nomme les hauts fonctionnaires et les juges fédéraux, avec l'approbation du sénat.*
>
> *Les prérogatives du vice-président se limitent à succéder au président s'il est empêché par décès ou pour une autre raison de finir son mandat, ainsi (article I) qu'à présider le Sénat et y trancher en cas d'égalité des votes ».*

i) Etats-Unis : Contre le Principe de l'Impunité si cher à l'UE.

La mise en accusation d'un haut fonctionnaire du gouvernement, voire celle du Président des Etats-Unis lui-même, peut être faite par la Chambre des Représentants mais le procès se tient par la suite devant le Sénat.

> Article II : *« La chambre des représentants peut mettre en accusation (*impeachment*) les plus importants officiels, notamment le président des États-Unis, qui seront alors jugés par le Sénat ».*

j) Les Etats-Unis et leur Cour Suprême.

Les Etats-Unis n'ont pas totalement déjoué tous les pièges de l'Administration toute puissante car la Cour Suprême est gérée différemment.

Par exemple, les juges décédés sont renouvelés par le président en exercice, et ce n'est pas neutre pour le fonctionnement ultérieur de la Cour Suprême.

Cela pose de sérieux problèmes pour l'interprétation des Lois Fondamentales concernant la Constitution et les Traités mais aussi pour le fonctionnement des Autres Tribunaux.

> *« L'article III crée la Cour suprême des États-Unis.*
>
> *Les juges fédéraux, à la Cour suprême aussi bien que dans les autres tribunaux, sont nommés à vie ».*

La lutte de Pouvoir dans les milieux de la Justice est donc un enjeu politique pour les deux partis dominants.

De plus, les deux partis usent et abusent de la clause de l'Impeachment, ce qui fragilise systématiquement l'Exécutif.

k) Traitement Systématique des Doléances et des Pétitions.

Contentons-nous de citer Jean-Éric BRANAA, maître de conférences à l'Université de Paris II Assas et spécialiste de la politique et de la société américaine (RFI, 6/01/2022).

> *« Les Américains ont beaucoup recours à l'avis du citoyen : par exemple, chaque année en novembre, il y a beaucoup de votes de lois ou de propositions de lois.*
>
> *Vous faites une pétition dans votre quartier, la pétition part ensuite au niveau du comté et quand il y a suffisamment de signatures, elle est proposée au vote de tous les citoyens de l'État et peut devenir une loi.*
>
> *Il y a différentes instances que chaque citoyen peut saisir.*
>
> *Le président des USA peut être saisi.*
>
> *Ceci a été instauré sous la présidence Obama et sur le site de la Maison Blanche, il est possible de saisir directement le président d'une question mais il doit y avoir un certain nombre de personnes qui doivent être d'accord.*
>
> *À partir d'un certain nombre de personnes favorables, le président doit répondre et, arrivé à un autre stade, il doit saisir le Congrès.*
>
> *Tout est fait pour que le citoyen soit très actif dans la démocratie américaine ».*

l) Petit bémol : un scutin indirect et grands électeurs

> *« La présidentielle américaine est une élection au scrutin indirect : les citoyens votent pour des grands électeurs qui seront chargés d'élire le président et le vice-président.*
>
> *Chaque État dispose d'un certain nombre de ces grands électeurs, lesquels — à deux exceptions près — sont intégralement attribués à la paire de candidats président/vice-président qui y a remporté le plus de voix.*
>
> *Ces grands électeurs se réunissent ensuite dans la capitale de leur État respectif pour élire le président et le vice-président ; mis à part en de très rares occasions, ils votent en faveur de la paire de candidats pour laquelle ils ont été élus ». (WIKIPEDIA)*

m) Conclusion.

En clair, même imparfaite, la Constitution Américaine doit nous inspirer.

Or, la BRI connaissait parfaitement cette Constitution avant de rédiger les dix-sept traités fondateurs de l'Union Européenne qui ont validé :

- L'absence d'un « Sénat ».
- La concentration des pouvoirs les plus étendus **au niveau fédéral** (une qualification non avouée des projets politiques de l'U.E).
- La négation même du Pouvoir des Peuples souhaitant exprimer des doléances car, pour faire remonter des pétitions :
  - Il faut au moins 1.000.000 de citoyens signataires, clairement identifiés.
  - Dans sept pays différents.
  - Sur des « thèmes admis » : pas de contestation des traités, des lois et des décrets, pas de mise en cause des commissaires et des fonctionnaires, …
- Même après validation, « les personnes compétentes » peuvent faire obstacle et invalider ces pétitions, désignées par « Initiative Citoyenne Européenne ».

Il ne faut surtout pas intervenir directement auprès des responsables de l'Exécutif et du Législatif, et encore moins « influencer » les décisions de la BCE.

L'inégalité des représentations : découpages non homogènes.

- Les Nuts 1 représentent 93 grandes régions mais les pouvoirs représentés sont partout différents : Etats Fédérés (Allemagne), Groupes d'Etats (Autriche), Groupes de Régions (Belgique, Italie, Suède, Pologne), Communautés Autonomes (Espagne)…
- Les Nuts 2 sont composées de 272 « découpes » non comparables : Etats Fédérés (Autriche), Régions, Collectivités Territoriales, Région Outre-Mer ou Collectivité Territoriale d'Outre-Mer (France), Provinces et Région Capitale (Belgique), Districts (Allemagne), Communautés Autonomes et Villes Autonomes (Espagne). Régions (Bulgarie, Danemark, Hongrie, Irlande, Portugal, Roumanie, Suède, Pologne, …).

Mais aucune de ces NUTS 2 n'a des pouvoirs comparables et beaucoup d'entre elles ont des pouvoirs de façade.

- Les Nuts 3 représentent 1313 entités locales : les Arrondissements (439 Kreise en Allemagne, 43 arrondissements en Belgique), les Groupes de Districts (Autriche), les Départements (Danemark, France), les Provinces, les Cantons, les Comtés et autres Districts.

Bien sûr, les pouvoirs des Nuts 3 sont totalement différents, voire uniquement statistiques.

- Les citoyens, non lobbyistes, sont systématiquement écartés : leurs droits de pétition ont peu de chance d'être reconnus.
- L'accord des mêmes droits aux « Etats-confettis » et aux « grands Etats » ou aux grandes et petites collectivités territoriales.
- La multiplication des domaines réservés à des syndicats professionnels, publiquement rebaptisés en « Autorités Compétentes ».
- L'institutionnalisation de « l'impunité » à tous les niveaux (y compris et surtout au sein du Système Européen des Banques Centrales).
- La négation même du « principe de l'alternance », …

G. RÉFORMES INDISPENSABLES DE L'U.E.

a) Introduction.

Les systèmes de gouvernance, même ceux qualifiés de « démocratiques », ont « coulé » tous les foyers de civilisation en utilisant toujours les mêmes bases.

Les « grands prêtres », les rois et les princes, les clans et les familles, les brigands et les mercenaires, les hauts fonctionnaires et leurs administrations centrales pléthoriques, ils ont tous monopolisé le Pouvoir depuis au moins cinq mille ans.

C'est toujours un système de courtisans et de lobbies.

Il suffit de se promener dans les rues de Bruxelles ou de Washington pour dénombrer des milliers de bureaux occupés par des avocats d'affaires et des « chargés de communication ».

Ce système détruit rapidement la Liberté, la Dignité et la Solidarité.

Les Français sont ceux qui ont le mieux approché la définition d'une gouvernance idéale de l'Etat en parlant de *« Liberté, Egalité et Fraternité »*.

Par contre, ils ne sont pas parvenus à mettre cette devise en application car le rêve de leurs dirigeants et de leurs hauts fonctionnaires est trop souvent de s'installer dans les châteaux et les palais de leurs ex-rois et ex-princes.

Mieux, le « grand sport national » des élites et des ploutocrates français consiste à acheter des titres de noblesse.

Dans d'autres pays européens, les rois adoubent régulièrement de nouveaux aristocrates.

En clair, les Français, comme tous les autres, n'ont pas limité les pouvoirs au niveau central.

Mieux, ils ont adopté un système vertical qui fonctionne désormais par décrets (les fameux « 49-3 »).

Que recouvre la notion « Liberté ».

Liberté ne veut pas dire « **libertarisme** » ni « **individualisme** » mais *« possibilité de penser, d'agir et d'exprimer ses propres choix ».*

Le terme « Egalité » est plus ambigu.

En réalité, il faudrait parler d'une égalité des droits et des devoirs de chacun en évitant les dérives de l'**égalitarisme** qui fait table rase de toutes les différences entre les humains.

Les dérives du « **wokisme** » sont encore plus violentes puisque les différences sont exacerbées au point de nous diviser et nous éloigner d'un Besoin de Solidarité.

Le concept « **Egalité** » implique donc les termes « **Justice** » et « **Respect de la personne et de la famille** ».

C'est la raison pour laquelle nous préférons le terme ***« Dignité »*** qui se définit par ***« tenue, éducation, réserve et décence »***.

Le terme « Fraternité » fait référence à la Solidarité.

La « **Solidarité** » n'est même pas un choix dans la mesure où l'être humain est par nature un « **animal social** », incapable de survivre, de vivre et de se développer en-dehors d'une « **cité** » (polis, en Grec ancien), ce que la majorité des hellénistes ont traduit à tort par ***« animal social et politique »***.

Pour Aristote, l'humain ne pouvait donc pas vivre sans une « société » et « sans lois ».

Or, tout le monde politique a pratiquement « oublié » que l'humain est aussi un « **animal métaphysique** » qui veut vivre sa vie « **bien au-delà du physique** ». Nous devons donc définir clairement ses « **droits physiques** » et ses « **droits métaphysiques** », ce qu'aucun pays n'a fait en créant sa Constitution.

b) Créer une (vraie) Constitution Européenne.

La BRI a tenté de nous imposer son projet de ***Traité Constitutionnel Européen*** en obtenant l'accord du Conseil Européen en juin 2004 avant la validation par le Parlement Européen en fin d'année, sous la présidence de Joseph Borrel FONTELLES (Espagne).

Ce dernier a été bien récompensé pour ses services puisqu'il est devenu notre *« Haut Représentant pour les Affaires Etrangères et la Politique de Sécurité »*, une fonction bien mal nommée puisque l'Union Européenne n'est respectée par aucun de nos « partenaires » internationaux.

Pour mémoire, ce projet de traité constitutionnel a été abandonné suite au rejet des referendums organisés par les Français et les Néerlandais mais il a pratiquement été repris au mot à mot dans le Traité de Lisbonne du 13 décembre 2007, révisant le Traité de Fonctionnement de l'Union Européenne (ou Traité de Rome de 2004).

Les Européens ne savent toujours pas ce qu'est une Constitution.

Pour dénoncer le faible niveau de compréhension de leur mission de réflexion sur ce projet de constitution, il faut savoir que les chefs de gouvernements ont consacré leurs premières réunions à discuter des origines de l'Europe.

Angela MERCKEL et le gouvernement polonais voulaient mentionner un **« héritage religieux »** tandis que d'autres pays voulaient se créer une bannière commune en mentionnant l'héritage du « **Siècle des Lumières** ».

Finalement, aucune référence à cet héritage ne fut ajoutée.

« Notre » Constitution se résume donc en une énumération de plus en plus longue des droits de gouvernance d'une administration au service des puissants, au nom des grands principes fondateurs : **« le Marché »** et **« la Finance »**.

Par contre, l'Humain n'y est même pas mentionné.

c) Faire respecter nos Droits Intangibles.

Les droits essentiels de l'Humain dans notre (future) Constitution.

Ils doivent être énumérés comme des droits intangibles.

Mieux, cette énumération doit contraindre les gouvernements à employer tous les moyens politiques et financiers **pour les faire respecter** et pour **les faire évoluer** en mettant en place les outils d'évaluation et de contrôle nécessaires.

En clair, dans notre système actuel, « les maîtres du jeu » ne veulent surtout pas de contraintes et de contrôles.

Et comme nous l'avons constaté dans l'analyse comparative des Constitutions, l'Union Européenne veut « travailler » en toute impunité, loin de toute contestation.

Le Droit de Subsistance.

Tout le monde comprend tout ce que peut contenir le Droit de Subsistance :

- Droit à l'intégrité de la personne (et de sa famille).
- Droit à un toit.
- Droit à un équipement moderne de l'habitat (eau, toilettes, électricité, chauffage, protection).
- Droit à une nourriture de qualité.
- Accès à un habillement adapté.
- Soins de santé évolués.
- Droit à un environnement sain (air, eau) et protégé contre les mauvaises pratiques (cultures, forêts, rivières, fleuves, lacs, …).

Le Droit à l'Existence.

C'est le droit le moins explicite et le moins respecté dans le monde.

- Droit à une éducation libre de toute forme de dogmatisme.
- Droit à une insertion sociale ouverte : cela implique un accès à des transports bien organisés et au financement des associations locales.
- Droit à des formations régulières de qualité : cela implique l'utilisation de matériels et de logiciels modernes, ainsi que le recrutement de personnels ouverts aux nouvelles techniques.
- Droit à des emplois de proximité, rémunérés correctement et évolutifs, avec accès aux transports et à des formations régulières.
- Accès à des études de niveau supérieur dans les départements (provinces et autres) avec des programmes, des matériels et des logiciels modernes.
- Accès à l'enseignement de l'histoire des sciences et des connaissances pour former les candidats à ***« penser par eux-mêmes »*** et à ***« repenser sans cesse »*** les formes les plus prometteuses de développement des richesses immatérielles qui précèdent toujours la création de richesses matérielles, …
- Droit à une Information Libre et non subventionnée.

d) Refuser les Traités… qui nous maltraitent.

Ces droits sont de plus en plus maltraités par les traités de l'U.E.

- ***« La mondialisation heureuse »*** a privilégié le développement extérieur, avec la création des mégacités, des ports, des aéroports et des flux de marchandises polluants.
- ***« La liberté de circulation des capitaux »*** (liquidités tueuses) a conduit à la création des marchés spéculatifs au détriment des campagnes, des villes intérieures et des métiers de production.

Dans les deux cas, les échanges sont devenus de plus en plus artificiels.

Ce modèle profite aux oligopoles peu soucieux de la Morale et de l'avenir de notre Société avec la multiplication des **sous-traitances esclavagistes** partout dans le monde.

Pour éviter la destruction de nos vies et de nos destins.

Ces deux axes stratégiques de l'UE sont le résultat d'un lobbying malsain ayant obtenu que l'Exécutif européen puisse **signer des traités** sans aucun regard démocratique :

- Ni par le Parlement Européen (qui est débordé par le nombre de lois et décrets) ;
- Ni par un Sénat (qui n'existe pas).
- Ni par un Conseil des Régions (qui n'a aucun pouvoir).
- Ni par un Conseil Economique et Social (qui n'a même pas le pouvoir de s'attaquer à l'harmonisation fiscale et sociale).

Pour Aristote, les échanges naturels…

Ce sont les échanges qui profitent à toutes les parties prenantes.

Ils doivent donc respecter les droits des salariés, des investisseurs, des producteurs, des gouvernements (nations souveraines) et de l'Etat Fédéral (pour ses missions régaliennes).

Ils ont aussi une contrainte « naturelle » : le respect de l'environnement.

e) L'Etat ne doit surtout pas être une Administration.

Dans l'Antiquité, la notion d'Etat n'existait pas.

La Cité (polis) était considérée comme un **corps social**, à savoir la constitution d'une communauté de citoyens libres et autonomes qui, par adhésions successives de familles, de villages, puis de tribus et enfin de Cités-Etats, ont formé une conscience collective, d'abord dans l'Attique.

Peu à peu, cette conscience collective s'est répandue dans un grand nombre de régions voisines, puis non-grecques, sous la bannière de **l'Hellénisme,** devenu **une Culture Commune**.

Selon la formule d'Aristote dans Politique, la cité est une ***communauté de citoyens*** *réunis par le choix non pas seulement de «* ***vivre ensemble*** *» mais de «* ***bien vivre*** *» en vue d'une «* ***vie parfaite et autarcique*** *».*
Cette vie commune et parfaite est assurée d'abord et surtout par « ***la vertu de justice*** *» [...].*

« Notre » Union Européenne aurait dû s'en tenir au strict minimum.

Elle devait volontairement restreindre ses « compétences » à la diffusion de nos valeurs philosophiques communes.

Cette définition sous-entend plusieurs priorités :

- ✓ *Proximité.*
- ✓ *Structure humaine et sociale.*
- ✓ *Justice.*
- ✓ *Communauté Humaine Concrète.*

Aucun Etat ne peut donc vivre (ou survivre) sans une Démocratie de Proximité à tous les niveaux.

f) Administration : des Fonctions Régaliennes limitées.

La fonction « administrative » de l'Etat : de strictes missions régaliennes.

L'esprit des « regroupements » naturels de familles, villages, tribus et de Cités-Etats était justifié par la volonté de **« mieux vivre ensemble »** en mettant des moyens en commun pour : **la Sécurité, la Justice et le Mieux-Être**.

En analysant d'autres constitutions, athénienne et américaine, nous avons pu constater que l'Union Européenne avait été taillée à leur mesure par la Haute Finance et par les multinationales, sous l'impulsion américaine des institutions internationales : le FMI et la Banque Mondiale.

Les fonctions régaliennes.

Il est donc impératif de limiter les pouvoirs de l'U.E aux fonctions régaliennes suivantes :

- ➢ **Battre monnaie** sous le contrôle des citoyens.
- ➢ **Police** au niveau européen sous le contrôle des citoyens.
- ➢ **Justice** au niveau européen sous le contrôle des citoyens et nécessairement réformées puisque « notre » Justice Européenne actuelle est destinée à « faire respecter les traités ».
- ➢ **Défense Commune** (inexistante).
- ➢ **Relations Internationales Communes**, avec autorisation et supervision des traités par deux institutions : Parlement et Sénat (inexistant).

Tous les autres « domaines de compétence » actuels de l'U.E ?
Ils doivent être abolis car ils ne respectent pas les « droits de proximité » des citoyens Européens.

g) Créer un Sénat « Tournant » par Tirage au Sort.

Pourquoi le Tirage au Sort ?
Les « modèles » actuels de représentation régionale ont été détournés par les « gens au pouvoir » :

- Les aristocrates au Royaume-Uni.
- Les partis politiques dans la majorité des pays-membres.
- Des partis politiques européens aux contours très flous au sein du Parlement Européen.
- La nouvelle Bourgeoisie (politicienne) de l'argent facile dans la plupart de ces mêmes pays.

Le tirage au sort des citoyens est un système qui devrait s'appliquer au choix des sénateurs nationaux et des (futurs) sénateurs européens.

Pour être candidat, il faudrait :

- Déclarer sa candidature en-dehors de toute appartenance politique et confessionnelle ;
- Accepter de suivre une formation politique « ouverte » qui éclaire les candidats sur l'importance et le contenu des missions d'un Sénat ;
- Signer un engagement de <u>moralité</u> et de <u>responsabilité</u>.

h) Limiter la Durée des Mandats.

Quel que soit le mandat, local, régional, national, européen et international, nous devons limiter la durée des mandants à environ cinq ans : **ni trop, ni trop peu.**

i) Limiter le Nombre Total de Mandats.

Aucun citoyen ne devrait exercer plus de **trois mandats différents**.

j) Limiter les Emplois à Vie dans les Administrations.

Aucune administration ne doit instaurer un système d'emplois à vie : la durée des emplois ne doit pas dépasser celle de deux mandats électoraux (dix ans).

k) Renouveler Systématiquement les Hauts Fonctionnaires.

Les hauts fonctionnaires doivent être remplacés lors de chaque mandature.

H. Résumé.

Impératif : nous devons réformer le fonctionnement de l'U.E

- **Le Conseil Européen** est la seule instance de décision du système.
- **Le Conseil** (des Ministres) est l'endroit magique où les décisions sont *« harmonisées »* dans tous les secteurs économiques et financiers.
- **La Commission** est leur secrétariat.
- **Le Parlement** est « la caisse enregistreuse » de leurs Lois et Décrets.
- **« Les Agences Spécialisées »** font partie des « personnes morales et physiques » qui *« aident les législateurs – décideurs »*.
- **Le Médiateur** n'entendra jamais les mécontentements des citoyens envers les institutions de l'Union puisque sa mission s'exerce *« dans le cadre des traités »* (incontestables).
- **Le Droit de Pétition dans l'U.E** est muselé : le système américain est un exemple mais il faut éviter ses travers et ses dérives.
- **Le Sénat est inexistant :** il faut éviter à tout prix le système de la démocratie représentative et instaurer un système de représentation directe par tirage au sort.

Personne ne peut donc être écarté d'une « bonne gouvernance » de l'Union Européenne. En d'autres termes, les citoyens doivent bénéficier d'un accès plus facile et plus fréquent à « une Initiative Citoyenne Européenne ».

Pourquoi faut-il réintroduire « le rameau du suppliant »?

Sans alternance, sans contrôle et sans « le rameau de suppliant » (examen des doléances), tous les abus sont permis.

Et cela coûte très cher financièrement, et plus encore en termes de respect des droits essentiels et de projection dans l'avenir.

Ce système de « bonne gouvernance » de l'Union Européenne nous a coûté plus de 15.000 milliards euros entre fin 1998 et fin 2022. --- Dans les sous-sols de la BCE, douze mille milliards sont « en attente » de basculement dans nos déficits publics et dans nos dettes publiques.

Tous ces réformes (indispensables) sont pourtant condamnées à l'échec.

Grâce aux archéologues et aux historiens, nous savons que tous les systèmes de gouvernance connus depuis cinq millénaires ont échoué.

Le Quatrième Pouvoir a toujours échappé au contrôle démocratique.

Le pouvoir de « battre monnaie » a toujours été concentré dans les mains des « possédants » : ceux de la terre et, par la suite, ceux de l'argent.

Le Système Bancaire Européen des Banques Centrales.

En fait, ce système financier est « le Pouvoir », le plus « indépendant » et le plus « opaque ».

Il est télécommandé par la Banque des Règlements Internationaux, regroupant les soixante-trois banques centrales les plus puissantes de la Planète.

Nous devons donc d'abord réformer ce système, qui nous a détruits et ruinés.

Nous devons donc poursuivre une stratégie jusqu'au-boutiste de lutte contre **la Domination de l'Humain et de la Nature**.

Autrement dit : nous devons lutter contre cet antisystème d'une (vraie) Démocratie …

PARTIE VI : LE QUATRIEME POUVOIR.

A. Contexte.

a) Grèce : la Démocratie Exemplaire.

La Grèce Antique « exemplaire » a pourtant connu la misère la plus grande.

A partir de -460, la classe dominante a voulu faire des guerres incessantes contre ses voisins sur le plan économique, puis militaire, en créant de la fausse monnaie et en ne combattant pas la fraude fiscale des grands commerçants.

La honte absolue !

Ces pratiques néo-libérales pur jus ont ruiné la Grèce, et l'ont tellement affaiblie qu'Athènes a capitulé en -404 face à son pire ennemi, Sparte, en perdant ses remparts, *les Longs Murs*, deux d'entre eux la reliant au port du Pirée et le troisième plus au sud à celui de Phalère.

Ces murailles avaient pourtant protégé Athènes pendant les premières guerres dans l'Attique mais, après en avoir perdu le contrôle, la Grande Cité a perdu ses rêves de thalassocratie et a dû se joindre à la Ligue du Péloponnèse, sous la férule de Sparte.

De son côté, Aristophane a dépeint la misère de la population et l'ambiance mafieuse instaurée par les nouveaux riches : il désigna indirectement cette « nouvelle classe » par le terme de « ploutocratie » (pouvoir des riches).

> Pour expliquer ces changements, il a mis en scène la ville d'Athènes vénérant désormais un faux dieu, ***Ploutos***, dieu de la Richesse Facile (spéculations) que tout le monde voulait capturer pour le mettre dans un trou, et donc pour s'approprier ses bienfaits.

Ce Culte de l'Argent leur a permis de condamner Socrate à boire la ciguë.

Autrement dit, les faux dieux n'étaient pas ceux de Socrate mais ceux de cette caste sans scrupules qui l'a condamné à une mort atroce.

Cette façon de décrire la situation d'Athènes faisait rire les spectateurs des pièces d'Aristophane, pourtant cruelles et prémonitoires : Athènes a disparu définitivement de la scène « internationale » en -323 (mort d'Alexandre, le Macédonien).

Par la suite, Rome a carrément assimilé la Grèce à une province en privilégiant le développement de Byzance comme deuxième capitale de l'empire romain.

b) La Question du « Pouvoir ».

Nous l'avons vu, il est important de bien répartir les pouvoirs législatifs, exécutifs et judiciaires.

Grâce à un travail de comparaison avec d'autres constitutions, nous avons mis le doigt sur toutes les lacunes du système de gouvernance de l'Union Européenne.

> Nous avons même chiffré le prix de cette mauvaise gouvernance voulue par la BRI et la BCE mais ce système est-il vraiment nouveau ?

A Rome, il fallait réserver « la bonne monnaie » aux puissants.

Auguste avait copié le système des « nouveaux riches » d'Athènes.

Il gardait l'or pour lui-même et pour ses projets de « conquête du monde ».

Rome a rapidement été délaissée au profit de ses nouvelles colonies.

Hammurabi avait fait la même chose.

Il avait imposé « le sicle lourd » et « le sicle léger » en mettant les pauvres gens sous haute surveillance.

Après lui, le désert !

Ses descendants, Akkadiens, ont définitivement « enterré » la Mésopotamie.

Et, à peu de choses près, la Mésopotamie est bien devenue « un désert ».

> En fait, depuis la Mésopotamie, il y a toujours eu trois Pouvoirs officiels : Législatif, Exécutif et Judiciaire.
>
> Le Pouvoir Financier a toujours été le Quatrième Pouvoir qui manipule « la monnaie » pour s'approprier facilement les richesses que les autres créent avec talent, sang, sueur, larmes et sacrifices.

c) Aux Etats-Unis.

Même avec une Constitution bien plus démocratique que notre touffu TFUE (Traité de Fonctionnement de l'Union Européenne), nous pouvons assister en direct à l'éclatement de cette « grande démocratie » :

- D'un côté, un système de misère pour les populations de l'Amérique Profonde ;
- De l'autre côté, des richesses démesurées, créées dans les Etats en bordure des océans et détenues dans les paradis fiscaux par une élite de plus en plus cupide.

La raison est toujours la même : le pouvoir de « battre monnaie » a toujours été confié (abandonné) aux grands commerçants internationaux.

Aujourd'hui, ils sont tournés vers la maîtrise des moyens immatériels (services, dont la communication) bien plus que vers celle des moyens matériels (production de biens).

Pour ces « nouveaux grands commerçants », il faut « contrôler les esprits » pour faire plus de profits.

Ils se définissent eux-mêmes comme des ***« libertariens ».***

Ils ont choisi comme emblème **le serpent à sonnette** pour signifier que personne ne peut marcher sur leurs libertés individuelles sans risque d'être victime de la morsure mortelle.

Ce sont les mêmes qui prônent que **l'opinion publique** est la meilleure base de toute démocratie alors que ce sont eux qui la « fabriquent » et la manipulent.

B. La BRI-BCE et son « Euro-Crypto ».

a) Un « Euro de Gros ».

La BCE veut nous imposer son « euro de gros » en s'appuyant sur les réseaux internationaux (mafieux) de la BRI.

En fait, leurs démonstrations sont volontairement erronées.

L'euro numérique et l'euro de gros existent déjà, essentiellement grâce aux sociétés américaines qui, bien sûr, ont imposé leurs valeurs du Culte de l'Argent facile.

En 2023, nous sommes plus que jamais un continent vassal de toute cette « industrie financière » américaine qui, non seulement gère tous nos moyens de paiement, mais qui en plus a capturé toute la finance européenne dans ses filets spéculatifs.

Dans les faits, les Américains créent de la fausse monnaie à tour de bras en « offrant » à leurs partenaires étrangers leurs dollars surabondants provenant de leurs déficits budgétaires et commerciaux qu'ils n'ont jamais corrigés.

Mais plus le système américain de l'argent facile s'est développé, plus les banques centrales non-américaines ont créé elles aussi des masses considérables de liquidités.

Leur stratégie a été doublement gagnante :

- D'une part, les banques centrales non américaines ont gardé le cours du dollar à un niveau surfait (trop élevé), et donc les multinationales non-américaines ont pu exporter leurs productions dans des conditions rentables.
- D'autre part, avec de l'argent facile, toutes les banques commerciales ont pu créer un immense marché mondial de la spéculation.

Problème : la bancassurance est « hors-jeu ».

Comme la vermine, elle a vidé tout le sang de ses victimes.

b) Le Vrai Projet de la BRI est (donc) Funeste.

A ce stade, la situation financière du G7 est tellement mauvaise que la BRI veut concentrer le maximum de liquidités dans les hautes sphères financières pour sauver « le » système monétaire international.

Les banques commerciales et régionales ?

Sans le savoir, les banques commerciales de taille plus modeste sont devenues la nouvelle « bête à abattre » car les grandes banques du TOP-50 vont les dépouiller des dépôts et des épargnes de leurs (bons) clients.

Ces grands acteurs veulent donc capter ces liquidités dans les comptes des banques centrales, désormais placées sous le contrôle de l'Union Bancaire et sous celui de la BRI qui leur sert de syndicat.

Ce syndicat mafieux leur a en effet concocté des statuts de totale indépendance, de totale liberté et de totale opacité, notamment en obtenant la reconnaissance de cette « Union Bancaire » en 2014, avec la bénédiction du Consilium, sans aucun débat démocratique.

Cette « union » (syndicat du TOP-50) est désormais bien installée au cœur du Consilium, autrement dit au cœur de notre système législatif et exécutif, puisque le Consilium lui-même écrit nos Lois et les exécute sans obtenir aucune validation de nos Parlements Nationaux et Européen.

c) « Leur » Système est Menacé de toutes parts.

A l'intérieur, ils ont épuisé les finances publiques de pratiquement tous les pays du « monde libre » à un point tel que « notre » Europe est devenue un « objet non identifié » sur la scène économique, politique et militaire.

d) Les Révoltes contre le SMI : de plus en plus nombreuses.

D'une part, la Chine s'impose désormais comme « la puissance alternative » en peaufinant sa stratégie de « la route de la soie ».
D'autre part, les BRICS sont prêts à lui emboîter le pas pour créer un système monétaire international alternatif.
Enfin, les obstacles mis en place par la BRI pour empêcher l'émergence de monnaies non-officielles (monnaies non-FIAT) seront sans cesse contournés par « les milieux branchés » de la nouvelle économie tant la méfiance des particuliers s'est installée.
Or, tous les individus le savent au plus profond d'eux-mêmes, la confiance est comme une fleur fragile : elle doit être « arrosée » de façon régulière et toujours « mesurée » pour être maintenue en vie.

« Meden agan »
« Rien de trop »

Une leçon à retenir pour le prochain chapitre ...

Cette maxime était inscrite au fronton du temple de Delphes pour inciter les hommes à garder la juste mesure en toutes choses.

Elle n'a jamais fait l'objet d'un combat politique contre le Culte de l'Argent trafiqué, et donc facile, qui a installé au Pouvoir une Ploutocratie insatiable et féroce.

Cette erreur a été fatale à la Grèce Antique.

C. LA FINANCE EST CE QUATRIÈME POUVOIR.

a) Préambule.

Elle est même devenue le Premier Pouvoir en Europe depuis qu'elle a obtenu le monopole de la création de monnaie, ce pouvoir régalien qui, jusqu'au Traité de Maastricht, appartenait (officiellement) à chacun des Etats européens.

Mayer Amshel Rothschild (1743-1812) : lucide (au service de la finance).

Il fut le fondateur de la dynastie éponyme, et il avait clairement résumé la situation en déclarant :

> *« Give me control of a nation's money supply, and I care not who makes its laws". « Donnez-moi le contrôle de la monnaie d'une nation, et je me passerai de ceux qui font ses lois ».*

Petit clin d'œil : il est né à Francfort-sur-Main, capitale de la BCE.

Talleyrand (1754-1838) : lucide (au service de l'Etat).

> *« Les financiers ne font bien leurs affaires que lorsque l'Etat les fait mal ».*

b) Les Banques Centrales : Adieu au Trésor !

Contrairement à ce que nous martèlent les sites officiels et les médias peu curieux, la banque centrale est une institution récente.

Elle est née en Suède suite à la panique bancaire que nous allons rappeler (Palmstruck), et elle s'est rapidement dévouée au sauvetage des banques commerciales.

A l'origine, le Trésor dépendait directement de l'Etat et son origine remonte à la Grèce Antique où ce fameux « trésor » était stocké au sein du Parthénon.

Le temple était un endroit gardé par des Vierges (Parthénon signifiant : jeune fille vierge) mais le trésor était entreposé dans l'Adyton (le lieu dans lequel on ne peut entrer).

C'est là que **la ville d'Athènes et la ligue de Délos** (-477 ; - 404) avaient construit et entreposé la statue d'Athéna, composée de 1.150 kilos d'or, d'une quantité importante d'ivoire ainsi que de pierres précieuses.

Leur objectif était de pouvoir mobiliser des troupes et une flotte exceptionnelle pendant plus d'un an en cas d'agression extérieure.

Contrairement aux Etats-Unis, le Trésor …

Le Trésor a pratiquement disparu dans tous les pays européens.

En France, la Direction Générale du Trésor est réduite à un rôle de figuration au sein du Ministère des Finances, et elle gère l'Agence France Trésor, autrement dit l'échéancier de « la Dette » de la France.

La pratique de la dette publique, par l'émission de Bons d'Etat auprès du grand public (à l'époque), a été introduite en 1789 par la Banque de Suède pour « sauver les banques » en rachetant leurs mauvaises créances.

Le sauvetage de la haute finance, banques et assurances, est aujourd'hui devenu « la règle » car les refinancements systématiques des banques commerciales depuis les années folles 1950 – 1975 sont de plus en plus désastreux.

Les pertes cumulées de ce secteur dans le monde depuis 1945 s'élèvent à plusieurs centaines de billions de dollars (plusieurs centaines de milliers de milliards) : la moitié aux États-Unis, le quart en Europe et le reste en Asie (surtout au Japon).

c) Lettre de Change ou Papier-Monnaie ?

Nous ne devons pas confondre la traite ou **lettre de change des Templiers** avec le **papier-monnaie des banquiers**.

Le papier-monnaie, sans contrepartie de métaux précieux déposés, est né en Chine, probablement au IX° siècle, mais le rapport de Marco Polo (1254-1324) sur cette observation n'avait pas été prise au sérieux en Europe.

D'ailleurs, les Chinois eux-mêmes ont perdu confiance, et ils sont revenus aux métaux précieux bien avant le voyage du marchand vénitien.

d) Les Racines du Mal.

Elles sont dues à la création de la monnaie ex-nihilo (fausse monnaie).

Johan Palmstruch était un marchand international de Riga.

Il finança la guerre de Gustav Charles X et, en forme de récompense, il lui demanda l'autorisation de créer sa propre banque, la Stockholm's Banco en 1656.

Il réinventa le **Certificat de Dépôt des Templiers** pour enregistrer le dépôt de plaques de cuivre assez lourdes mais il remarqua, au fil des mois, qu'il disposait d'un stock dormant assez important car les entrées et les sorties finissaient toujours par se compenser sans grandes fluctuations.

En effet, les commerçants utilisaient ces certificats en les endossant, sans les encaisser car l'endos consiste à signer et à dater au dos de la lettre de change pour signifier un transfert de propriété en faveur d'un autre commerçant (créancier).

A l'époque, il émettait jusqu'à trois couronnes-papier pour l'équivalent d'une couronne déposée : une pour celui qui apportait le métal, et deux autres pour des crédits aux commerçants de confiance.

e) La Monnaie Fiduciaire.

Elle est donc née en Suède (Fides, la Confiance).

Si tout le monde réclamait en même temps ses plaques de cuivre, le système n'était pas « bordé ».

Par contre, avec trois fois plus de possibilités de commercer, tout le monde y gagnait, et personne ne trouvait le risque très grand.

Le risque s'est traduit par une véritable panique bancaire en 1668, obligeant le « Privy Council » à interdire cette pratique mais les aristocrates et les prêtres ont obtenu qu'une nouvelle banque soit créée : la Riksens Ständers Bank.

Sans rentrer dans les détails, cette banque fut à nouveau rebaptisée en *Bank of the Royal Estates of the Realm*, et de nouveau mise en dépôt de bilan par Charles XII en 1709 après sa défaite en Ukraine à Poltova.

Les comptes des déposants ont été gelés pendant plusieurs décades mais la banque fut quand même mise en grande difficulté en 1789.

Pour information, le récit de cette histoire par la Banque de Suède actuelle n'est pas celui-là : ils oublient de parler des paniques bancaires (1668, 1709 et 1789).

f) Une « Grande Nouveauté » en 1789.

Encore, les Suédois !

Ils ont inventé « la dette publique » pour sauver la banque centrale (et les banques commerciales).

Pour la sauver, les Aristocrates et les Bourgeois ont créé le ***National Debt Office*** qui a dû émettre des bons d'état pour rembourser partiellement les déposants et rembourser sa dette de guerre à la Russie.

Même punition pour la Banque d'Angleterre.

En 1694, la Banque d'Angleterre a consacré la victoire du billet de banque.

Cet établissement privé a obtenu la Garantie d'Etat et est passé sous son contrôle, après d'épiques débats, en contrepartie de bénéfices substantiels pour les actionnaires.

Mais le billet de « Deux Cents Livres » n'avait pas le statut de « cours obligatoire ».

Personne n'était obligé de l'accepter.

En 1797, suite à une panique des détenteurs, la Banque d'Angleterre fut incapable de satisfaire la demande de métaux précieux qui affluait de partout.

La convertibilité du Billet de Banque (en or) …

Elle fut instaurée momentanément et les affaires ont repris.

La convertibilité fut rétablie par la suite mais non exigée.

On dira qu'elle est **« Ad Nutum »**, selon le besoin, c-à-d quand des importations, payables en or, étaient nécessaires.

g) Les Banques en Réseau.

Problème au XVII° siècle ?

Les « banques » ne disposaient pas du réseau des Templiers et donc les « changeurs » ont dû s'entendre de ville en ville pour faire les échanges de traites et d'or en se réunissant quotidiennement dans des endroits précis.

Les **chambres de compensation** sont nées, puis elles sont devenues régionales avant de devenir nationales et même internationales.

Les Etats-Unis ont gardé une trace visible de cette évolution puisque la Federal Reserve Bank est en fait la fédération de douze « chambres de compensation ».

Rapidement en Angleterre, les chambres de compensation, qui disposaient d'énormes ressources, ont commencé à prêter de l'argent aux chambres de compensation qui voulaient financer le développement des charbonnages, des aciéries, des ateliers mécaniques et des logements pour les personnels.

Bien sûr, la chambre de compensation de Londres resta « le maître du jeu » puisque ses clients étaient les puissants négociants internationaux.

Les Banques Centrales : un nouveau Pouvoir.

Ces « grands négociants » ont réussi à fonder la Banque d'Angleterre en 1694 en éjectant les Hollandais, au pouvoir à l'époque : ils étaient là parce que la fille du roi Jacques II le Catholique était Protestante, et fut mariée à Guillaume III, Stathouder de Hollande, lui-même Protestant.

Pour mémoire, ils ont d'abord remboursé les dettes de Guillaume III d'Orange-Nassau, époux de Marie II, et puis ils ont donné au Parlement les pouvoirs de voter les lois, notamment « leurs lois ».

La Création de la FED (USA) en décembre 1913 : même schéma.

Tiré de Wikipédia :

« Avant la FED, le système américain reposait depuis 1791 sur la ***First Bank of the United States*** *chargée de l'émission de la nouvelle monnaie américaine et de la régulation du crédit.*

En 1816, après la seconde guerre contre les Britanniques, elle a été remplacée par la ***Second Bank of the United State****s surtout pour mettre fin à l'****inflation galopante*** *consécutive à la guerre de 1812.*

Mais, en 1830, elle est dissoute par le président Andrew Jackson qui est hostile aux banquiers, qui se considéraient comme non responsables devant le peuple américain.

« Les États-Unis ont eu à faire face à un système monétaire très complexe qui reposait sur un troc entre différentes monnaies régionales, ***les greenpapers****, qui rendait toute régulation impossible.*

En 1908, à la suite de la ***Panique bancaire américaine de 1907****, le Congrès forme une National Monetary Commission menée par le sénateur républicain Nelson Wilmarth Aldrich pour étudier une réforme bancaire et monétaire.*

Les travaux de cette commission jetteront les bases du Federal Reserve Act adopté le 23 décembre 1913 par le Congrès et promulgué le 29 décembre 1913 par le président démocrate Woodrow Wilson, nouvellement élu.

Si l'organisation (banques régionales + bureau des gouverneurs) est la même que celle d'aujourd'hui, ***le gouvernement place la nouvelle institution sous son autorité*** *en y nommant comme membres le Secrétaire du Trésor et le Comptroller of the Currency (« Contrôleur de la monnaie »).*

*Son but est alors de favoriser la gestion de la monnaie et l'économie du pays, de permettre l'****escompte des effets de commerce*** *et, de manière plus générale, de surveiller le bon fonctionnement des banques américaines ».*

En clair, l'histoire de la FED est récente et sa création fut toujours entourée de méfiance (justifiée) vis-à-vis d'une privatisation de ce « pouvoir régalien ».

La suite donna raison aux présidents Andrew JACKSON et Woodrow WILSON : ce pouvoir ne peut pas être privatisé ou laissé sans contrôle.

Les Vraies Causes du Désastre Américain : « La Libéralisation de L'Economie ».

Wikipédia (comme des milliers de médias et d'économistes) :

> *« En économie, la **libéralisation** (ou l'ouverture à la concurrence) est le processus de transformation d'un secteur économique dont la finalité est de permettre l'exercice d'une activité économique à différents agents économiques, privés ou publics.*
>
> ***Elle signifie la fin du monopole** [...] d'une administration ou d'une entreprise (publique ou privée) sur une activité définie par l'autorité publique ».*

Livre(s) recommandé(s) : (réédition en septembre 2024)

> *« Dollar et Euro : Comment la Finance a tué notre Démocratie ».*
>
> *« Dollar and Euro: How Finance killed our Democracy"*

Cette définition de la « <u>libéralisation de l'Economie</u> » est purement dogmatique.

Pour mieux la définir, il faut revenir à « La Grande Dépression » (1929 – 1939) quand Franklin D. ROOSEVELT (1982 – 1945) a mis en place son New-Deal.

Ses Réformes Sociales étaient audacieuses et ses Réformes du Système Financier dénonçaient clairement la finance comme responsable de cette crise.

C'est grâce à ses « ***fireside chats »*** ou *« causeries au coin du feu »* (émissions radiophoniques) qu'il parvint à être élu et à obtenir les coudées franches pour imposer ces réglementations.

La déréglementation du système financier américain en est la vraie cause.

Le détricotage de toutes les mesures de F.D ROSSEVELT à partir des années 1975-1985 a « offert » encore plus de libertés à la Haute Finance.

C'est ce système qui a servi de feuille de route à la BRI pour ***« libérer la finance »*** partout dans le monde, et ce sont ces « réformes » qui ont conduit à la multiplication des crises dans le monde dès 1987, puis à la *« crise des subprime »* (2007-2019).

B. OBAMA et le DODD-FRANK ACT (2010).

Il a justifié l'adoption de cette nouvelle réglementation en la présentant comme :

> *« Une Loi améliorant la Responsabilisation (Accountability) et la Transparence dans le Système Financier » :*
>
> - *Pour mettre fin au « too big to fail » ;*
> - *Pour mettre fin aux sauvetages financiers par les contribuables (ending bailouts) ;*
> - *Pour protéger le consommateur des pratiques de services financiers abusifs, ... ».*

Nous y avons tous cru…

D. Réformes Indispensables de l'Euro.

a) « La Monnaie » est un Bien Commun.

La monnaie est un moyen d'échanger.

Au même titre que la création de routes, l'aménagement des fleuves et la création de toutes les infrastructures communes, la monnaie est un bien commun qui doit être voulu et accepté par les peuples pour leur permettre de **« mieux vivre ensemble »**, de **« mieux échanger »** et de **« mieux communiquer »**.

Les Etats-Nations peuvent ou pas les gérer en commun.

Par contre, ils ne doivent surtout pas en perdre le contrôle.

Dans notre situation actuelle, les Etats-Nations doivent en « reprendre le contrôle ».

> *« Il faut rendre à César ce qui appartient à César, et à Dieu ce qui appartient à Dieu (le Peuple).*

b) Rappelons les Fonctions d'une « Bonne Monnaie ».

Il y en a cinq, et pas une de plus.

Numération : la monnaie sert à comparer tous les biens et services disponibles.

Sa représentation mentale doit être facilitée par le choix de l'unité de base : si un pain valait 1.000.000 euros, la valeur d'un appartement ou d'une maison serait de plusieurs milliers de milliards euros.

Et ainsi de suite…

Autrement dit, une mauvaise numération (mauvais choix d'une unité de base) devient vite hors de portée d'une représentation mentale pour l'humain : il ne comprend plus la signification des sommes en cause.

Transaction : pour faciliter les transactions, la monnaie doit donc être disponible pour tous les citoyens, et elle doit être parfaitement « divisible » vers le haut et vers le bas.

Autrement dit, le rôle de la monnaie fiduciaire en pièces et en billets doit répondre au critère de la « disponibilité » : facile à utiliser, accessible à tous.

A titre d'exemple, les billets de banques italiens de mille lires de type « Barbetti » dans les années cinquante mesuraient plus de 350 centimètres carrés alors qu'ils permettaient d'acheter (environ) un kilo de pain. Ils ont vite été abandonnés.

De plus, chaque individu doit pouvoir acheter un minimum de biens et de services : la répartition et la disponibilité doivent répondre à un système de valeurs humanistes.

Réserve : pour investir, il faut disposer d'une épargne ou être capables d'économiser pour rembourser une dette.

Autrement dit, il faut que la monnaie reste stable dans le temps pour protéger les épargnants et les emprunteurs.

Or, cette fonction de réserve est la fonction la plus malmenée de nos jours à cause de la surabondance de la « monnaie presse-bouton » qui a provoqué une inflation galopante des prix et des dettes publiques, bien plus que des dettes privées.

Crédit : théoriquement, grâce à l'épargne, encouragée à la fois par la stabilité de la fonction de réserve et par une prime de risque versée sous forme de taux de placement, la fonction de crédit peut se développer.

La politique des taux négatifs a juste renversé cette pyramide des valeurs.

Non seulement les banques commerciales du TOP-50 n'avaient plus besoin des épargnes de leurs clients pour se développer mais, en plus, elles s'enrichissaient en faisant des placements à court terme sur les marchés financiers.

Depuis 2022, point de départ de la politique de « lutte contre l'inflation », la fonction de crédit est encore plus malmenée :

- Les petites entreprises et les particuliers sont privés de crédit ;
- Mieux, les crédits non remboursés (défaillances) explosent.

Capital : cette fonction n'est plus (bien) assurée depuis plus de cinquante ans. Non seulement les banques ne prêtent plus à long terme (sauf pour les acquisitions dans le foncier et dans l'immobilier) mais, en plus, elles ne prêtent plus aux gouvernements (« interdit » depuis 1970-1972 suivant les pays).

Par ailleurs, tous les marchés « actions » sont réservés aux multinationales et tous les marchés « obligations » sont « réservés » aux gouvernements et à la haute finance.

Même les multinationales ont un accès très limité à ces deux « marchés ».

c) « La Finance » : ils ont tout pris …

La Finance s'est accordé le droit de « posséder » notre monnaie et de la « gérer » comme bon lui semble.

En relisant le contenu des fonctions de réserve, de crédit et de capital, nous avons relevé que le système bancaire n'a plus besoin de nos épargnes pour se développer et pour faire l'acquisition démesurée d'actifs de toutes sortes (financiers et non-financiers).

Cette démesure est telle que leur unité de comptage est désormais le trillion d'euros et que celle des multinationales les plus solides est « seulement » le milliard d'euros.

Même chose pour les assureurs et fonds de pension : ils ont obtenu toutes sortes de passe-droits fiscaux et sociaux depuis les « trente glorieuses » (glorieuses pour eux) pour désormais compter en trillions.

Dans le même temps, les citoyens « comptent » en euros et en centimes d'euros pour survivre.

d) Plus de Dettes pour Moins de PNB

De fin 1998 à fin 2022, les Dettes Publiques de la Zone Euro-20 ont pratiquement triplé : de -4.668 Md€ à -12.483 Md€, ou +267%.

Entre-temps, même période, leur PIB Courant a augmenté de +6.674 Md€ à +13.424 Md€, ou +143%.

> Plus les Eurolandais enregistrent des PIB Courants (incluant une **inflation moyenne** supérieure à +6%), plus ils accumulent des dettes publiques.

En langage « terre-à-terre », un entrepreneur normal se poserait des questions existentielles :

> *« Je ne peux plus continuer comme cela ! ».*

En Europe, personne ne s'est posé ce genre de question, sauf pour approuver les politiques odieuses du :

> *« Il faut toujours faire plus de sacrifices pour rembourser les dettes publiques ».*

En France, un politicien, inculte notoire, a déclaré :

> *« Ce qui m'inquiète énormément, c'est qu'on est encore en train de mentir aux gens, on est en train de leur dire « on va vous faire des chèques » pour faire face à l'inflation ».*

Aucune analyse : les crimes (oui ! les crimes) de la Haute Finance sont sans importance, et les pauvres – sans emploi - peuvent crever.

En clair, la Zone Euro nous appauvrit depuis sa création.

> Plus nous créons de « richesse nationale » tous ensemble, plus nous sommes endettés, et plus « nos » gouvernements nous imposent des « sacrifices indispensables » …
>
> **Autrement dit, il est grand temps de mettre un terme à un système monétaire européen aussi pervers.**

e) Création d'un Trésor Européen.

L'objectif est de rendre à César ce qui appartient à César, ou de redonner aux peuples le contrôle de « leur monnaie commune » et/ou de leurs monnaies nationales.

Cela suppose en priorité (dans les délais les plus courts) …

- Arrêt immédiat du projet de crypto-monnaie du SEBC.
- Interdiction immédiate des ventes à découvert de tous les actifs financiers, de tous les métaux précieux et de tous les instruments financiers.
- Interdiction immédiate des opérations de refinancement des banques dites « non-conventionnelles ».
- Interdiction rapide des opérations de refinancement des banques dites « conventionnelles ».
- Dissolution immédiate de l'Union Bancaire qui vise une concentration des (nombreux) pouvoirs de gestion «en toute liberté» de nos monnaies et de nos économies (comptes de particuliers et d'entreprises).
- Dissolution immédiate de l'Eurogroupe et des groupes de «personnes compétentes», avec suppression immédiate de leur immunité et de leurs privilèges.
- Nationalisation immédiate par les pays concernés des filiales bancaires et des fonds de pension aujourd'hui gérés hors frontières par des sociétés non-résidentes : « la monnaie », sous toutes ses formes, doit rester la propriété des peuples et des nations concernées.
- Suppression immédiate de toutes les garanties étatiques accordées aux bancassurances sous le fallacieux prétexte de protéger les comptes des particuliers et des entreprises en cas de dépôt de bilan de ces sociétés.
- Nationalisation immédiate des établissements en dépôt de bilan.

- Responsabilisation juridique de leurs dirigeants : membres des conseils d'administration et de direction (Direction Générale, Direction Juridique, Direction Financière, Direction Commerciale ou assimilée).
- Vote d'une Loi Européenne qui responsabilise sur leurs biens personnels les présidents du Consilium, les Commissaires, les Gouverneurs et les Hauts Fonctionnaires qui ont participé à ces privatisations hasardeuses de « la monnaie » et de « la finance toute-puissante ».

Cela suppose dans un second temps (et dans les délais les plus courts) :

- Création d'un Trésor National (dans les pays où les Trésors Nationaux ont disparu), ou Réanimation des Trésors Nationaux (existants).
- Mission des Trésors Publics : comme à Athènes, constitution de «réserves de précaution» communes pour imposer le respect et le bon fonctionnement des CINQ missions essentielles de toute « bonne monnaie » mais surtout pour financer les risques imprévisibles.
- Création d'un Trésor Européen supervisant les entités nationales;
- Gestion par des personnes tirées au sort et formées préalablement par le Trésor Européen.
- Mise sous contrôle de ces institutions nationales par des personnes tirées au sort au sein d'un Sénat Européen et formées par le Trésor Européen.
- Audit des Comptes Publics (de chaque nation) par des équipes spécialisées, engagées et formées par le Trésor Européen, avec obligation d'un rapport complet dans un délai court (deux ans ?), sur les détournements d'actifs et les basculements de dettes privées dans les comptes publics et les dettes publiques.
- Vote d'une Loi Européenne qui responsabilise sur leurs biens personnels toute personne physique et morale qui ferait obstacle aux audits du Trésor Européen.
- Restitution des réserves d'or et des devises par le SEBC, mais aussi restitution aux Trésors Nationaux des détournements d'actifs constatés par l'Audit effectué (par le Trésor Européen).
- Déclaration immédiate par toutes les personnes physiques et morales de tous les comptes bancaires et participations dans des sociétés de «Shadow Banking».

- Suppression des comptes étrangers détenus par la haute finance (banques, assurances, fonds de pension et autres institutions financières non-monétaires) dans tous les pays non-membres de l'Union Européenne.
- Suppression des comptes étrangers détenus par les multinationales dans tous les pays non-membres de l'Union Européenne.
- Imposition immédiate par le Trésor Européen de toutes les plus-values monétaires et financières provenant de la spéculation à moins d'un an à hauteur de 90%.
- Reprise par le Trésor Public Européen de toutes les activités de la BRI en ce qui concerne l'Union Européenne et le Système Européen des Banques Centrales ;
- Interdiction pour tout citoyen du SEBC de représenter auprès de la BRI les banques centrales, les banques commerciales, les groupes d'assurances, les fonds de pension et les sociétés de marchés ;
- Interdiction de transmettre la moindre statistique à ce syndicat ;
- Centralisation de tous les actifs financiers de la zone euro au sein du Trésor Public Européen avec la technique des registres distribués pour un suivi systématique de tous les mouvements sur chaque titre ;
- Rappel : Interdiction des ventes à découvert, des ETF et autres instruments de ce type ;
- Imposition immédiate par les Trésors Nationaux de toutes les plus-values monétaires et financières provenant des opérations boursières: à hauteur de 75% pour les opérations de moyen terme (un an à sept ans) et de 45% pour les opérations de long terme (plus de sept ans).
- Imposition maximale (90%) des dividendes qui sont versés aux détenteurs de passage (détentions à moins de dix ans) et font exploser les « retours sur investissement » de façon artificielle.
- Mise sous Contrôle Direct (par le Trésor Européen) des Entreprises détenues à plus de 5% (au total) par des banques, assurances, fonds de pension, assets management et sociétés financières.
- Exonération des plus-values non-spéculatives pour toute création d'emploi dans les régions appauvries par « la mondialisation heureuse » avec interdiction de distribution de dividendes pour les bénéficiaires de primes pour l'emploi.
- Instauration d'un impôt européen sur les héritages pour éviter une concentration des profits et plus-values qui auraient dû être mieux partagées dans le passé.

Des sommes colossales de plusieurs centaines de milliards d'euros sont désormais dans les mains des « héritiers propriétaires » qui n'ont rien apporté à la Société Européenne. Au contraire, ils ne lui apporteront que des problèmes de mauvaise répartition des moyens à court et à long terme. A titre d'exemple, les exonérations pour les héritages de grosses fortunes ont détruit la démocratie italienne et bien d'autres.

- Révocation progressive de tous les responsables des instances internationales pour nomination par le Trésor Public Européen de leurs remplaçants, sous le contrôle du Sénat Européen.

"Meden agan" ou « Rien de trop ».

Il faut agir vite
avec l'amour et les sens (éros),
avec la fermeté de la raison (logos)
et avec le courage dans l'action (thumos).

Le thumos n'élimine pas la peur
de mourir ni de se tromper.

Ces principes doivent être appliqués systématiquement
quand il s'agit de la gestion de « la monnaie » …

IN CAUDA VENENUM.

A. NOTRE SOCIÉTÉ : PASSÉ, PRÉSENT ET AVENIR.

« C'est dans la queue du scorpion que se trouve le venin ».

Autrement dit, le moment est arrivé pour tirer **les conclusions finales (**fatales si nous ne réagissons pas rapidement) de toutes ces réflexions du livre.

Nous venons de dénoncer « Le Quatrième Pouvoir » parce qu'il s'approprie systématiquement la création et « la gestion de la monnaie » depuis plus de quatre mille cinq cents ans dans le but de posséder les richesses créées par les peuples et leurs citoyens les plus actifs.

Les richesses privées étaient concentrées au sein de la Nation.

Avant le XIX° siècle, les possédants (Aristocrates, Commerçants Internationaux et Bourgeois) se contentaient de posséder des immeubles d'habitation, de conserver des métaux précieux (or et argent) et de posséder les meilleures terres qu'ils exploitaient avec leurs métayers ou qu'ils mettaient en exploitation en prélevant un tiers des récoltes.

Dans le même temps, le Trésor émettait en surabondance des pièces en métaux vulgaires, puis des billets en papier, qui créaient une inflation permanente des biens les plus courants nécessaires aux populations.

Bien sûr, les productions nationales étaient rapidement remplacées par des importations sauvages, à moindre coût et de qualité moindre, qui leur permettaient de réaliser des plus-values plantureuses.

> Cette pratique courante s'est même imposée pour les céréales depuis plus de trois siècles : les gouvernants encouragent toujours leur exportation pour raréfier l'offre sur les marchés intérieurs, et pour accumuler des devises étrangères.

L'Union Européenne a même institutionnalisé les subventions (déguisées) à l'exportation des produits agricoles avec sa Politique Agricole Commune.

Toujours plus de conquêtes, de guerres, de mises en esclavage …

La course à l'or et la volonté d'obtenir hors frontières tous les biens rares et recherchés ont été à la base d'un système de violences permanentes sous la forme de guerres, de conquêtes, de mises en esclavage, puis de colonisations à grande échelle.

Notre Europe a reproduit à l'échelle continentale, puis mondiale, le système romain des guerres de conquête et de prédation institutionnelle, au profit des classes dirigeantes et des militaires.

Bretton-Woods : un système de vassalisation …

Depuis la création du Système Monétaire International (Bretton-Woods, 1944), le monde a été soumis au diktat américain de leur Haute Finance et de leurs multinationales.

Le FMI est « le » monde des petits arrangements dans le monde financier tandis que la Banque Mondiale a institutionnalisé la domination des multinationales.

Les Américains ont bien abusé …

Ce monde-là a été ébranlé dès les années 1955-1965, d'une part à cause des guerres multiples qu'ils ont organisées et perdues, et d'autre part à cause de la surabondance de dollars qu'ils ont déversés dans le monde.

Ils ont asservi leurs créanciers.

> *« There are two ways to conquer and enslave a country. One is by the sword. The other is by debt"*
>
> *« Il y a deux façons de conquérir et d'asservir un pays. L'une est par l'épée. L'autre est par la dette ».*
>
> **John ADAMS** *(1735 - 1826), Président des Etats-Unis de 1797 à 1801.*

L'Europe, bien avant la Chine, a succombé à cette chimère de la toute-puissance, en se fixant pour objectif de dépasser les Etats-Unis : ces créanciers ont volontairement accumulé des réserves en dollars et des Bons d'Etat américains pour éviter la dévaluation du dollar.

Aujourd'hui, ce sont les créanciers des Etats-Unis qui sont à leur merci.

> *« La dette extérieure des Etats-Unis n'est pas le problème des Américains mais celui des pays qui acceptent de la financer ».*

B. Les Rêves (les plus fous) sont devenus Réalité.

En 2023, l'Union Européenne est parvenue à concurrencer fortement tout le secteur secondaire américain, pratiquement dans tous les domaines de la consommation courante, mais elle a de fait encouragé les sous-traitances sauvages dans les pays à bas salaires au point de « liquider » toute son industrie.

Pendant ce temps-là, la Finance Américaine a mis en place aux Etats-Unis les marchés des « commodities » qui ont mis nos propres entreprises sous leur coupe en mettant aux enchères toutes les productions des matières premières, matières agricoles et productions banales produites dans le monde.

En plus, nous sommes sous la coupe américaine dans tous les secteurs des services, des nouvelles technologies et de notre Défense Commune, cette sorte de parapluie que les Américains peuvent nous enlever à tout instant.

Les grands gagnants ont été les banquiers européens qui ont vu arriver tous ces dollars baladeurs sur les comptes de leurs clients, qu'ils ont immédiatement convertis en euros (et en monnaies nationales avant l'euro).

Mais au lieu de les utiliser pour financer des projets à long terme, et donc pour favoriser la croissance, ils ont utilisé toutes ces liquidités pour spéculer et pour nous appauvrir.

Forts de leurs nouveaux pouvoirs, ils ont démantelé le Trésor et développé leur « vieux » syndicat des banques centrales : la BRI était composée de seulement huit banques centrales en 1930, elle en compte désormais soixante-trois en 2023.

Grâce à l'aide des « grands financiers internationaux », ils ont même réussi à prendre le contrôle des Banques Centrales Nationales : en Europe, ces « grands hommes » ont tous été bien récompensés grâce aux promotions à la tête du FMI, de la BCE et de toutes les autres institutions internationales.

Ce beau syndicat a toujours été contre les peuples.

En clair, la BRI avait réussi à nous déposséder de nos droits à des réparations allemandes, suite aux deux guerres les plus dévastatrices pour la plupart des pays victimes.

Depuis la création du Système Monétaire Européen (Traité de Maastricht en 1992 et Institut Monétaire Européen en 1994), ce syndicat est parvenu à basculer toutes les pertes spéculatives de la bancassurance dans nos budgets publics et dans nos dettes publiques.

La BRI se proclame désormais « institution internationale ».

Elle a obtenu le statut de « diplomates » pour tous les membres de son personnel « haut de gamme » : la Confédération Suisse est toujours très complaisante envers les plus grands voleurs de la planète, sous la bannière de son indépendance et de sa belle neutralité.

Alors, oui, « cette belle Europe » nous a coûté très cher.

Avec son « **bel euro tout neuf** », la BCE nous a coûté plus d'une année de Produit Intérieur Brut en vingt-cinq ans.

Autrement dit, pendant 25 ans, nous avons travaillé gratuitement, pour eux, pour les « sauver ».

En ce moment, une bonne douzaine de trillions d'euros attendent les bons offices de l'euro-crypto : une année supplémentaire de « travail gratuit » nous attend donc dans les caves du Système Européen des Banques Centrales mis en place par la BRI.

Ce système n'a épargné aucun pays, et n'épargnera personne sur cette planète.

En clair, les petites banques commerciales vont être dépouillées …

Elles seront dépouillées des dépôts les plus rémunérateurs pour renflouer les comptes de la BCE (et des grandes banques commerciales associées), et pour permettre à l'Union Bancaire d'obtenir toutes les libertés inimaginables :

- Extra-territorialité à Francfort/sur/Main (dans la belle tour).
- Impunité totale (celle de tous « nos » hauts fonctionnaires).
- Opacité totale au nom du « respect de la vie privée ».
- Secret bancaire oblige : même les personnels sont liés par leurs contrats d'emploi et n'ont pas intérêt à trahir « la bonne cause » au risque de perdre tous leurs droits sociaux et tous leurs privilèges.

Conséquence ?

Nos petites banques disparaîtront.

Et avec elles, toutes les possibilités de crédit et de capital seront anéanties.

Il ne nous restera plus qu'à espérer l'émergence de ces « nouveaux défricheurs » (américains pour la plupart) qui veulent mettre en place un « vrai monde crypto » destiné à remplacer ce système mafieux des « monnaies Fiat » (leurs monnaies de confiance ?)

C. Trois Piliers « Démocratiques ».

« Depuis que le monde existe » …

Ou du moins depuis que des cités-états ont été créées, les humains ont voulu créer de la richesse commune (aujourd'hui, devenue « richesse nationale ») en construisant des richesses matérielles communes et des richesses immatérielles incroyables : langues communes, écritures communes, organisations complexes, mathématiques, sciences, méthodes, outils et diffusion de nouveaux savoirs, ...

Ils voulaient à la fois assurer leur Défense Commune contre les furies de la Nature et contre des ennemis extérieurs potentiels.

Ils avaient également compris que la Division Horizontale du Travail (multiplication des métiers) était le meilleur moyen de créer des Richesses Communes.

Effectivement, les populations nomades y trouvaient un **« mieux vivre ensemble »** qu'Aristote avait mis en avant dans son projet de Constitution Athénienne.

Très rapidement, les prédateurs ont inventé **« la monnaie »** pour mieux s'approprier toutes ces richesses en inventant les « bonnes monnaies » et les « mauvaises monnaies ».

Ils ont tellement bien réussi que toutes ces richesses, matérielles et immatérielles, ont toutes disparu dans le Cimetière des Grandes Civilisations.

Depuis la nuit des temps (connus)…

Les humains ont cherché et même réussi à dissocier ce qu'ils considéraient comme une base minimale pour éviter la Barbarie et les luttes incessantes.

Ils ont toujours axé leur organisation sociale et politique sur la base de trois piliers : le Pouvoir Législatif, le Pouvoir Exécutif et le Pouvoir Judiciaire.

Ils ont tous oublié le Quatrième Pouvoir, le Pouvoir Monétaire et Financier.

Mieux, par rapport à toutes nos connaissances et expériences, passées et même présentes, « notre » Europe a été bâtie sur la base d'institutions floues et tentaculaires.

Dans la définition assyrienne et phénicienne, Europa était ce bout de Terre « au couchant » tandis que la belle Assoù, l'Asie, était « au levant ».

Dans les conditions actuelles, l'Europe est bien en train de « se coucher » …

Au sein de l'Union Européenne, la BCE-BRI est parvenue à créer une pseudo « Constitution » qui nous conduit à valider cette définition bien triste de leur *« Europe en Pleine Dérive »*.

Vous, les Européens, vous pouvez créer

Ce bout de Terre sur lequel le Soleil renaît au moment même où le Monde (entier) est (à nouveau) plongé dans les Ténèbres (des dictatures les plus féroces).

Vous avez désormais toutes les clés pour réagir (très rapidement).

AUTEUR ET PUBLICATIONS.

A. AUTEUR.

Seule la passion et le sens des autres peuvent expliquer une telle constance.

L'auteur est avant tout un humaniste.

Formé dès l'âge de 11 ans et pendant huit ans à la culture gréco-latine, il voulait comprendre les raisons de la disparition de ces grands foyers de civilisation.

Il a donc suivi des études en « sciences économiques » (BAC+5) et, pour obtenir son diplôme en économie en 1970, il a présenté une thèse sur *« la demande internationale de dollar depuis 1945 »*.

Il a ensuite complété sa formation en finances d'entreprise dans l'une des meilleures écoles de commerce françaises (3 années de passion intensive).

Curieux, il a intégré « la finance » et « la multinationale ».

Grâce à cette thèse, il a été engagé dans une banque d'affaires américaine où il a été formé pendant plus d'un an en back-office avant d'être admis au front-office pour y traiter des opérations délicates sur les marchés des changes, des taux d'intérêt, des swaps et des contrats à terme (les fameux marchés OTC).

Par la suite, il a intégré une grande multinationale pour y exercer les professions de trésorier devises, trésorier division, contrôleur de gestion division, direction de la planification économique et financière, avant de traiter des opérations de fusion & acquisition.

Mais la passion ne suffit pas.

Il faut aussi de la rigueur et de la détermination.

Pour « digérer » toutes ses lectures en micro-économie, méso-économie et macro-économie, il a « travaillé » sur les apports de la philosophie dans le domaine de ***« la mécanique de la pensée humaine »*** (causalité).

Sa passion l'a conduit à écrire un livre de plus de 700 pages sur le sujet pour classer les apports conceptuels et rejeter les dogmes de cette discipline qui hérisse – à juste titre – la quasi-totalité des citoyens européens.

Ce livre, écrit il y a plus de vingt ans, sera revu, publié et mis gratuitement à la disposition des étudiants en sciences sociales.

Sans ces réflexions, il n'y aurait eu aucune suite valable.

Il faut aussi beaucoup de courage.

Il faut essayer de percer le **Mur de l'Insouciance et du Mépris** : c'est un combat constant, désespérant, sans grande reconnaissance.

Par contre, l'auteur « sait » qu'il n'a pas le droit d'abandonner car trop de souffrances sont en jeu.

B. Publications Antérieures.

2007 : ISBN : 978-2-9528691-0-2 : *« Le Néolibéralisme ? Un très vieux système… Pourquoi (faut-il) le combattre ? ».*
2008 : ISBN : 978-2-9528691-1-9 : *« La Gestion (Désastreuse) de l'Euro ».*
2021 : ISBN : 978-2-9580134-1-7 : *« Euro : Trois casses du siècle en vingt ans ».*

2022 : ISBN : 978-2-9580134-4-8 : *« Le Système Monétaire International en Six Vidéos - Mauvaise Passe pour l'euro, pour le Dollar et pour l'avenir de notre Civilisation ».*

2022: ISBN: 978-2-9580134-5-5: *"The International Monetary System, in Six Videos - Rough Patch for the Euro, for the Dollar and for the Future of our Civilization".*
2022: ISBN: 978-2-9580134-2-4: *« Dollar and Euro: How Finance killed our democracies…».*
2022 : ISBN : 978-2-9580134-3-1 : *« Dollar et Euro : Comment la Finance a tué nos démocraties… ».*
2023/05/08: Copyright Dépot.com N° 00080181-1

« Grand Reset? Grande Restauration ? Il est temps de se réveiller… ».

Ce livre sera publié différemment en 2025 - 2026 (par thèmes) mais l'essentiel de son contenu a été protégé.

Site Web (Français) et (English) : https://www.alter-europa.com/

www.ingramcontent.com/pod-product-compliance
Ingram Content Group UK Ltd.
Pitfield, Milton Keynes, MK11 3LW, UK
UKHW020724041026
15590UKWH00002B/864

9 782958 013417